आठ रंग

D1880303

आठ रंग

पं. दीनदयाल उपाध्याय शेखावाटी विश्वविद्यालय, सीकर के बी.ए. द्वितीय वर्ष (हिन्दी साहित्य) के द्वितीय प्रश्नपत्र (नाटक एवं एकांकी) के निर्धारित पाठ्यक्रमानुसार

सम्पादक

डॉ. कैलाश चन्द सैनी

सहायक आचार्य, हिन्दी विभाग

श्री कल्याण राजकीय कन्या महाविद्यालय

सीकर (राज.)

श्रीमती बबल शर्मा

सहायक आचार्य, हिन्दी विभाग

श्री कल्याण राजकीय कन्या महाविद्यालय

सीकर (राज.)

वाणी प्रकाशन

वाणी प्रकाशन

4695, 21-ए, दरियागंज, नयी दिल्ली 110 002

शाखा

अशोक राजपथ, पटना 800 004

फ़ोन : +91 11 23273167 फ़ैक्स : +91 11 23275710

www.vaniprakashan.in
vaniprakashan@gmail.com
sales@vaniprakashan.in

AATH RANG
Edited by Dr. Kailash Chand Saini
Smt. Babal Sharma

ISBN : 978-93-87889-98-9

© प्रकाशक व लेखकगण

प्रथम संस्करण 2018

मूल्य : ₹ 55

इस पुस्तक के किसी भी अंश को किसी भी माध्यम में प्रयोग करने के लिए प्रकाशक से लिखित अनुमति लेना अनिवार्य है।

भारद्वाज प्रिंटर्स, दिल्ली-110 093 में मुद्रित

वाणी प्रकाशन का लोगो मक़बूल फ़िदा हुसेन की कूची से

भूमिका

संस्कृत नाट्यशास्त्र में वर्णित रूपक के भेदों—भाण, प्रहसन, व्यायोग, वीथी और अंक तथा उपरूपकों में से गोष्ठी, नाट्यरसिक, विलासिका आदि की एक अंकीय संरचना में एकांकी से मिलते-जुलते कुछ रूपों को देखा जा सकता है। इसी तरह यूरोप के मिस्ट्री, मिरेफल और मोरेलिटी नाटकों में भी इसके कुछ रूप तलाशे जा सकते हैं। परन्तु आज का एकांकी लेखन आधुनिक युग की देन है। यूरोप में नाटक शुरू होने से पूर्व आए दर्शकों का मनोरंजन करने अथवा उन्हें शान्त रखने के लिए जिस कर्टेन रेजर का प्रचलन हुआ वही आज के एकांकीलेखन का प्रेरणा-स्रोत बना अर्थात् नाटक से पूर्व एक लघु नाट्य प्रदर्शन। अक्तूबर 1903 में लन्दन के वेस्टएंड थिएटर में डब्ल्यू. डब्ल्यू. जैकब की कहानी 'द मंकीज़ पॉ' का नाट्यान्तर पहली बार कर्टेन रेजर के रूप में इतना चर्चित हुआ कि दर्शक मूल नाटक को ही भूल गए। इसके उद्देश्य और मूड का मुख्य नाटक से गहरा अन्तर था।

हिन्दी में भारतेन्दु अथवा उसके समकालीन लेखकों में से बालकृष्णभट्ट अथवा प्रतापनारायण मिश्र आदि ने जो एकअंकीय नाटक लिखे वे संस्कृत नाटकों के रूपकों-उपरूपकों के भेदों से ही प्रेरित थे। सांस्कृतिक जागरण के उस युग में स्वयं भारतेन्दु ने नाटक लेखन में जिस तरह प्रयोग किए उससे आधुनिक नाटक की शुरुआत मानी जाती है, परन्तु उनके नाटकों में से अधिकांश रूपक के भेदों-उपभेदों के ही आधुनिक हिन्दी संस्करण हैं। 'पाखंड विडंबन', 'विषस्य विषमौषधम' अथवा 'अन्धेर नगरी' को अनेक दृश्योंवाला एकांकी कहने की अपेक्षा लघु नाटक कहना अधिक उचित होगा। सही अर्थों में एकांकी के स्वरूप और प्रकृति को लेकर गम्भीर संवाद की शुरुआत 'हंस' पत्रिका के एकांकी विशेषांकों (मई और जून 1938) से हुई। यह स्पष्ट करना उचित होगा कि चौथे दशक में जब पारसी कम्पनियाँ धीरे-धीरे बन्द होती गईं तो रंगमंच का अभाव शौकिया मंडलियों की निष्क्रियता के कारण और अधिक

गहरा हो गया। ऐसी स्थिति में स्कूल-कॉलेजों के वार्षिकोत्सवों अथवा कुछ अन्य विशिष्ट अवसरों पर होनेवाले सांस्कृतिक कार्यों के लिए छोटे नाटकों की माँग बढ़ने लगी इस परिवेश ने कई रचनाकारों को एकांकीलेखन के लिए प्रेरित किया। दूसरी ओर, दिल्ली, लखनऊ और मुम्बई रेडियो स्टेशन के खुलने से जो छोटे आकार के रेडियो नाटक लिखे गए उन्हें कुछ परिवर्तनों के साथ मंच पर भी खेला जाने लगा।

पाँचवे-छठे दशक में इप्टा और पृथ्वी थिएटर्स और इनके बाद राष्ट्रीय नाट्य विद्यालय तथा शौकिया मंडलियों के रंगकार्यों से बने नए परिवेश से जब रचनाकारों का परिचय हुआ तो कई महत्त्वपूर्ण एकांकी लिखे गए। इस संकलन में प्रस्तुत ग्यारह एकांकियों का चुनाव अन्तर्वस्तु और रंगबोध के नए रूपों की दृष्टि से किया गया है, जिनसे इस पूरे दौर की पहचान बन सके।

इस दौर में **भुवनेश्वर** के एकांकी संग्रह 'कारवाँ' (1935) ने जो हलचल पैदा की, वह कई नाटककारों की असंख्य नाटकों द्वारा भी नहीं बन सकी। उनके एकांकियों ने ज़िन्दगी के अनछुए पहलुओं को जिस रंगबोध से जोड़ने का प्रयास किया, वह उस समय हिन्दीभाषी प्रदेश के पाठकों-दर्शकों के लिए अपरिचित था। सातवें दशक में कुछ नए रंगकर्मियों ने उनके एकांकियों के नए व्याकरण को समझा और सफलता से उसे प्रदर्शित किया।

'श्यामा : एक वैवाहिक विडम्बना', 'लाटरी', 'ऊसर', 'स्ट्राइक', 'आज़ादी की नींव' और 'ताँबे के कीड़े' उनके चर्चित एकांकी हैं। नई नाटकीय भाषा, संवादों की जीवन्तता और नाटकीय विडम्बना से जीवन की विद्रूपता, कड़वाहट और त्रासद पहलुओं का अंकन दर्शकों को झकझोरता है।

उपेन्द्रनाथ अश्क ने मध्यवर्गीय समाज की समस्याओं और विसंगतियों की बारीकी से पड़ताल करते हुए 'लक्ष्मी का स्वागत', 'सूखी डाली', 'तौलिए', 'आपस का समझौता', 'जोंक', 'पर्दा उठाओ, पर्दा गिराओ' जैसे सफल एकांकी लिखे। इन एकांकियों में उन्होंने यथार्थवादी रंगशिल्प अपनाते हुए सादगीभरी शैली में जो व्यंग्य किया, उसे बोलचाल की भाषा और गतिशील स्थितियों ने पैना बनाया।

जगदीशचन्द्र माथुर ने अपने एकांकियों में समकालीन जीवन की विसंगतियों को दिलचस्प युक्तियों से उद्घाटित किया है। 'ओ मेरे सपने', 'भोर का तारा', 'रीढ़ की हड्डी' आदि में मानवीय संवेदना के रेखांकन अतिशय भावुक नहीं होते और न ही व्यंग्य को निर्मम बनाते हैं। एक तरह से वे स्थितियों को मार्मिक क्षणों को उभारते हुए उसे शरारतभरे अन्दाज़ में पेश करते हैं।

नए एकांकीकारों में **लक्ष्मीनारायण लाल** का नाम विशेष रूप से उल्लेखनीय है। उन्होंने 'ताजमहल के आँसू' से लेकर 'दूसरा दरवाजा' तक कथ्य और शिल्प दोनों क्षेत्रो में नए-नए प्रयोग किए। विशेष रूप से 'मम्मी ठकुराइन', 'कॉफ़ी हाउस में इन्तजार', 'दूसरा दरवाजा', 'यक्ष प्रश्न', 'उत्तर युद्ध' आदि एकांकी रंगकर्मियों में काफ़ी चर्चित रहे। अन्तिम दौर के एकांकी अपनी प्रयोगधर्मिता के कारण लघु नाटकलेखन का एक नया रूपरंग प्रस्तुत करते हैं। नाटकीय क्षणों को चुस्त शिल्प के बाने में रूपायित करना इनके एकांकियों की प्रमुख विशेषता है।

विष्णु प्रभाकर मूलतः रेडियो नाटककार हैं, परन्तु कुछ परिवर्तनों के साथ उनके मंचित होने के बाद उन्होंने मंच के लिए एकांकी भी लिखे हैं। 'समरेखा- विषमरेखा', 'साँप और सीढ़ी', 'संस्कार और भावना', 'दस बजे रात' आदि में मानव मन की अतल गहराइयों में झाँकते हुए उसके कोमल क्षणों का मार्मिक अंकन किया है।

सुरेन्द्र वर्मा वर्मा ने एक ओर 'नींद क्यों रात भर नहीं आती', 'शकुतला की अंगूठी' आदि नाटकों में यथार्थपरक मंचन शैली के माध्यम से प्राचीन नाट्य दृष्टि का पुनर्निर्माण करने का प्रयास किया है तो दूसरी ओर 'छोटे सैयद बड़े सैयद' जैसे नाटकों के पात्र-बहुल कथानकों में अस्सी पात्रों का प्रभावशाल नियोजन एवं निर्वाह करने का नवीन प्रयोग किया है।

हिन्दी नाटकों के इतिहास में सुरेन्द्र वर्मा अकेले नाटककार हैं जिन्होंने प्राचीन भारतीय इतिहास की पृष्ठभूमि वाले आठवें सर्ग तथा सूर्य की अन्तिम किरण से सूर्य की पहली किरण तक नाटकों में संस्कृतनिष्ठ हिन्दी का प्रयोग किया है। विषय-वैविध्य के साथ-साथ भाषा-प्रयोग सम्बन्धी वैबिध्य भी सुरेन्द्र वर्मा के लेखन की विशेषता है।

इस प्रकार प्रस्तुत संकलन एकांकी के विविध रूपों का एक चित्र पेश करता है। यथार्थवादी और ग़ैर-यथार्थवादी रंगशिल्प, नाटकीय भाषा, सामाजिक स्थितियों के बुनियादी प्रश्नों के अनेक स्तरों का अंकन एक तरह से हिन्दी नाटकलेखन की बानगी ही है।

अनुक्रम

रामकुमार वर्मा

बहुमुखी प्रतिभा के धनी डॉ. रामकुमार वर्मा का जन्म सागर, मध्यप्रदेश में सन् 1905 में हुआ। प्रारंभ से ही आप प्रतिभासंपन्न विद्यार्थी रहे। आप वर्षों तक प्रयाग विश्वविद्यालय में हिंदी प्राध्यापक तथा विभागाध्यापक रहे।

हिंदी एकांकी को नवीन और महत्त्वपूर्ण आयाम प्रदान करने वालों में डॉ. रामकुमार वर्मा का नाम उल्लेखनीय है। आधुनिक एकांकी नाटकों का सूत्रपात भी हिंदी साहित्य के इतिहासकार डॉ. वर्मा के 'बादल की मृत्यु' से स्वीकारते हैं। एकांकी जगत में भारतीय एवं पाश्चात्य रचना शैली का समन्वित प्रयोग करने का श्रेय भी डॉ. रामकुमार वर्मा को ही है। विषय और शैली की दृष्टि से एकांकी-रचना में डॉ. रामकुमार वर्मा ने मौलिकता और बहुमुखी प्रतिभा का परिचय दिया है। उन्होंने ऐतिहासिक, सामाजिक, राजनीतिक, साहित्यिक, वैज्ञानिक तथा व्यंग्य-विनोद से सम्बन्धित विविध प्रकार के एकांकियों की रचना सफलतापूर्वक की है। ऐतिहासिक एवं पौराणिक एकांकी-नाट्य लेखन में आपकी रचनात्मक सामर्थ्य अप्रतिम रही है।

डॉ. रामकुमार वर्मा के एकांकियों में राजरानी सीता, कौमुदी महोत्सव, स्वर्णश्री, शिवाजी, औरंगजेब की आखिरी रात, समुद्रगुप्त, प्रतिशोध, पृथ्वीराज की आँखें, एक तोला अफीम, फैल्ट हैट, पृथ्वी का स्वर्ग, छींक, कवि-पतंग आदि विशेषतः उल्लेखनीय हैं। इन एकांकियों का समय-समय पर मंचन भी किया जाता रहा है। चारुमित्रा, ऋतुराज, रेशमी टाई, ध्रुवतारा, सप्तकिरण, कामकन्दला, रम्यरास आदि डॉ. रामकुमार वर्मा की सृजनात्मक मेधा के परिचायक एकांकी संग्रह हैं।

डॉ. रामकुमार वर्मा राष्ट्रीय भावना के रचनाकार हैं। यही भावना उनकी छायावादोन्मुखता एवं सांस्कृतिक गौरव के रम्य चित्रण-वृत्ति का कारक बनी। डॉ. रामकुमार वर्मा की दृष्टि आदर्शोन्मुखी रही है। जीवन के प्रति आप दृढ़ आस्थावादी एवं सरल हैं। आधुनिक जीवन की विसंगतियों के साथ-साथ शाश्वत जीवन मूल्यों के प्रति आपका रचनात्मक रुझान रहा है।

एकांकी का सार : 'दीपदान'

समीक्ष्य एकांकी ऐतिहासिक इतिवृत्त को आधार बना कर लिखा गया है। इस एकांकी में इतिहास प्रसिद्ध पन्ना धाय के त्यागमय चरित्र के माध्यम से डॉ. रामकुमार वर्मा ने उत्कृष्ट राष्ट्रप्रेम और बलिदान का आदर्श प्रस्तुत किया है। आज जब देश विकट अराजकतावादी एवं अलगाववादी शक्तियों के विरुद्ध संघर्षरत है, 'दीपदान' जैसे एकांकी सर्वथा प्रासंगिक एवं जीवंत महत्त्व की रचना कहे जा सकते हैं। पन्ना धाय जैसे अमर चरित्र युग-प्रेरणा के संवाहक हैं। बनवीर की निर्दयता एवं क्रूरता से पन्ना धाय ने कुँवर उदय सिंह की रक्षा की थी। एतदर्थ उन्होंने अपने पुत्र की बलि भी दी। इस ऐतिहासिक-कारुणिक सत्य को एकांकीकार ने प्रभावशाली शैली में उभारा है। सरल, सुबोध भाषा एवं सुगठित शैली प्रयोग के कारण समीक्ष्य एकांकी मार्मिक बन पड़ा है।

दीपदान

●

रामकुमार वर्मा

पात्र–परिचय

अनाउंसर : हम सवालात उठाते हैं...

कुँवर उदयसिंह : चित्तौड़ के स्वर्गीय महाराणा साँगा का सबसे छोटा पुत्र। राज्य का उत्तराधिकारी। आयु 14 वर्ष।

चन्दन : धाय माँ पन्ना का पुत्र। आयु 13 वर्ष।

बनवीर : महाराणा साँगा के भाई पृथ्वीसिंह का दासी-पुत्र। आयु 32 वर्ष।

कीरत : जूठी पत्तल उठाने वाला बारी। आयु 40 वर्ष।

पन्ना : कुँवर उदयसिंह का संरक्षण करने वाली धाय। चन्दन की माँ। आयु 30 वर्ष।

सोना : रावल सरूपसिंह की अत्यंत रूपवती लड़की। कुँवर उदयसिंह के साथ खेलने वाली सखी। आयु 16 वर्ष।

सामली : अंतःपुर की परिचारिका। आयु 28 वर्ष।

काल

सन् 1536 ई.

समय

रात्रि का दूसरा पहर

स्थान

कुँवर उदयसिंह का कक्ष, चित्तौड़

[कक्ष में पूरी सजावट है। दरवाजों पर रेशमी परदे पड़े

हैं। एक पार्श्व में उदयसिंह की शय्या है। सिरहाने पन्ना के बैठने का स्थान है।]

(नेपथ्य में नारियों की सम्मिलित नृत्य-ध्वनि और गान जो धीरे-धीरे हल्का होता है।)

उदयसिंह : **(दौड़ता हुआ आता है, पुकारता है)** धाय माँ, धाय माँ!

पन्ना : **(भीतर से आती हुई)** क्या है कुँवर! **(देखकर)** अरे, रात हो गई और तुमने अभी तक तलवार म्यान में नहीं रखी?

उदयसिंह : धाय माँ, देखो न कितनी सुंदर-सुंदर लड़कियाँ नाच रही हैं। गीत गाती हुई तुलजा भवानी के सामने नाच रही हैं। चलो देखो न!

पन्ना : मैं नहीं देख सकूँगी लाल!

उदयसिंह : नहीं धाय माँ, थोड़ी देर के लिए चलो न!

पन्ना : नहीं कुँवर, मुझे नाच देखना अच्छा नहीं लगता।

उदयसिंह : क्यों अच्छा नहीं लगता? मैं तो नाचने वाली लड़कियों को बड़ी देर तक देखता रहा। और वे भी मुझे बड़ी देर तक देखती रहीं, मैं कितना अच्छा हूँ।

पन्ना : बहुत अच्छे हो! तुम तो चित्तौड़ के सूरज हो! महाराणा साँगा जी के छोटे कुँवर। सूरज की तरह तुम्हारा उदय हुआ है। तभी तो तुम्हारा नाम कुँवर उदयसिंह रखा गया है।

उदयसिंह : **(हँसकर)** अच्छा यह बात है! पर क्या रात में भी सूरज का उदय होता है? मैं तो रात में भी हँसता-खेलता रहता हूँ।

पन्ना : दिन में तो चित्तौड़ के सूरज हो, कुँवर! और रात में तुम राजवंश के दीपक हो! महाराणा साँगा के कुलदीपक!

उदयसिंह : कुल-दीपक! कहीं मुझे दान न कर देना, धाय माँ, वे नाचने वाली लड़कियाँ तुलजा भवानी की पूजा में दीपदान करके ही नाच रही हैं। वे दीपक छोटे से कुंड में कैसे नाचते हैं, **(मचले हुए स्वर में)** चलो न धाय माँ! तुम उनका दीपदान देख लो। जिस तरह उनके दीपक नाचते हैं उसी तरह वे भी नाच रही हैं।

पन्ना : मैं इस समय कुछ नहीं देखूँगी, कुँवर!

उदयसिंह : **(रूठकर)** तो जाओ, मैं भी नहीं देखूँगा। मैं उदयसिंह भी नहीं बनूँगा, और कुल-दीपक भी नहीं। कुछ भी नहीं बनूँगा।

पन्ना : रूठ गए! कुँवर, रूठने से राजवंश नहीं चलते। देखो, तुम्हारे कपड़ों पर धूल छा रही है। दिन भर तुम तलवार का खेल खेलते रहे, थक गए होगे। जाओ, सो जाओ! मैं तुम्हारी तलवार अलग रख दूँगी।

उदयसिंह : **(रूठे स्वर में)** मैं तलवार के साथ ही सो जाऊँगा।

पन्ना : अभी वह समय नहीं आया कुँवर। चित्तौड़ की रक्षा में तुम्हें तलवार के साथ ही सोना पड़ेगा।

उदयसिंह : **(रूखे स्वर में)** तुम्हें तलवार से डर लगता है?

पन्ना : तलवार से डर! चित्तौड़ में तलवार से कोई नहीं डरता, कुँवर! जैसे लता में फूल खिलते हैं वैसे ही यहाँ वीरों के हाथों में तलवार खिलती है।

उदयसिंह : **(उसी तरह से रूखे स्वर में)** अब मेरा मन बहलाने लगीं। तुम नाच देखने नहीं चलतीं तो मैं अकेला ही चला जाऊँगा। मैं जाता हूँ। **(जाने को उद्यत होता है।)**

पन्ना : नहीं कुँवर! तुम कभी रात में अकेले नहीं जाओगे। चारों तरफ जहरीले सर्प घूम रहे हैं। किसी समय भी तुम्हें डस सकते हैं।

उदयसिंह : सर्प! कैसे सर्प?

पन्ना : तुम नहीं समझोगे, कुँवर! जाओ, सो जाओ। थक गए होगे। भोजन के लिए मैं जगा लूँगी।

उदयसिंह : नहीं माँ, आज न मैं भोजन करूँगा और न अपनी शय्या पर ही सोऊँगा। **(प्रस्थान के लिए उद्यत।)**

पन्ना : **(रोकते हुए)** सुनो, सुनो कुँवर!

(उदयसिंह का प्रस्थान)

पन्ना : चले गए! कुँवर का रूठना भी मुझे अच्छा लगता है। मना लूँगी। नाच, गान, दीपदान, इसी से चित्तौड़ की रक्षा होगी? चित्तौड़ में यह बहुत हो चुका, बहुत हो चुका। और अब तो बनवीर का राज्य है।

(नूपुर-नाद करते हुए एक किशोरी का प्रवेश)

सोना : धाय माँ को प्रणाम।

पन्ना : कौन ?

सोना : मैं हूँ सोना ! रावल सरूपसिंह की लड़की। कुँवर जी कहाँ हैं ?

पन्ना : वे थक गए हैं। सोना चाहते हैं।

सोना : सोना चाहते हैं ! तो मैं भी सोना हूँ।
(अट्टहास)

पन्ना : चुप रहो सोना ! कुँवर जी रूठकर चले गए हैं। तुम लोग कुँवर को नाच-गाने की ओर खींचना चाहती हो।

सोना : क्या तुलजा भवानी के सामने नाचना कोई बुरी बात है ? आज हम लोगों ने दीपदान किया और मन भर नाचा, यों **(नाचती है)** कुँवर जी भी तो बड़ी देर तक हमारा नाच देखते रहे। मैं भी उनको देखकर बहुत नाची। उनको हमारा नाच बहुत अच्छा लगा। बहुत अच्छा ! देखो, पैरों की यह ताल। **(नूपुर की झनकार)**

पन्ना : बस, बस सोना ? अगर तू रावल जी की लड़की न होती तो...

सोना : कटार भोंक देती ! कटार ! **(अट्टहास करती है)** धाय्र माँ, तुमने उदयसिंह के सामने तो अपने पुत्र चन्दन को भी भुला दिया।

पन्ना : रहने दे। जानती नहीं बनवीर का राज्य है !

सोना : ओहो, बनवीर ! उन्हें श्री महाराजा बनवीर कहो। हमारे लिए वे एक रेशम की झूल लाए थे। उसे सिर से ओढ़कर नाचने से ऐसा लगता था, जैसे मकड़ी के जाले के आर-पार चंद्रमा की किरणें थिरक रही हैं। हाँ...

पन्ना : बहुत नाचती हो। बनवीर की तुम पर बड़ी कृपा है।

सोना : द्रौपदी के चीर की तरह ! आज प्रातःकाल उन्होंने मुझे बुलाया और कहा...धाय माँ ! तुम बुरा तो नहीं मानोगी ?

पन्ना : मैं क्यों बुरा मानूँगी ?

सोना : उन्होंने कहा, महल में धाय माँ अरावली पहाड़ बनकर बैठ गई हैं। अरावली पहाड़ ! **(हँसती है)** तो तुम लोग

बनास नदी बनकर बहो न! खूब नाचो-गाओ। यों आज कोई उत्सव का दिन नहीं था, फिर भी उन्होंने कहा, मेरे बनवाए हुए मयूर-पक्ष कुण्ड में दीपदान करो, मालूम हो जैसे मेघ पानी हो गए हों और बिजलियाँ टुकड़े-टुकड़े हो गई हों!

पन्ना : बड़ी उमंग में हो आज!

सोना : दीपकों के साथ उमंग भी लौ देने लगी है, धाय माँ! सारा जीवन ही एक दीपावली का त्यौहार बन गया है।

पन्ना : तो यही त्यौहार मना रही हो तुम?

सोना : मैं ही क्या, सारे नगर निवासी यह त्यौहार मना रहे हैं। नहीं मना रही हो, तो तुम! धाय माँ, तुम! पहाड़ बनने से क्या होगा? राजमहल पर बोझ बनकर रह जाओगी, बोझ! और नदी बनो तो तुम्हारा बहता हुआ बोझ, पत्थर भी अपने सिर पर धारण करेंगे, आनन्द और मंगल तुम्हारे किनारे होंगे, जीवन का प्रवाह होगा, उमंगों की लहरें होंगी जो उठने में गीत गाएँगी, गिरने में नाच नाचेंगी।

पन्ना : बनवीर के अनुग्रह ने तुम्हें पागल बना दिया है, सोना!

सोना : धाय माँ! पागल कौन नहीं? महाराणा विक्रमादित्य अपने सात हजार पहलवानों के साथ पागल हैं! मल्लक्रीड़ा ही तो उनका पागलपन है! महाराजा बनवीर महाराणा विक्रमादित्य की आत्मीयता से पागल हैं। सारा नगर आज के त्यौहार में पागल है। तुम कुँवर उदयसिंह के स्नेह में पागल हो और मैं? **(हँसकर)** मेरी कुछ न पूछो, धाय माँ, मैं तो इन सबके पागलपन में पागल हूँ! तुम चाहे जो कहो! हाँ, तो कुँवर उदयसिंह कहाँ हैं?

पन्ना : कुँवर उदयसिंह को छोड़ो, सोना वे बहुत थक गए हैं। अब सो रहे होंगे। तुम जाओ, यहाँ कहीं तुम्हारा पागलपन कम न हो जाए।

सोना : मेरा पागलपन? धाय माँ! पागलपन कहीं कम होता है? पहाड़ बढ़कर कभी छोटे हुए हैं? नदियाँ आगे बढ़कर

कभी लौटी हैं? फूल खिलने के बाद कभी कली बने हैं? सब आगे बढ़ते हैं। नहीं बढ़ती हो तो सिर्फ तुम। सदा एक-सी।

पन्ना : सोना! मुझे किसी से ईर्ष्या नहीं है। मैं जैसी हूँ अच्छी हूँ। राजसेवा में जीवन जा रहा है--यही मेरे भाग्य की बात है।

सोना : भाग्य! भाग्य तो सबके होता है, धाय माँ! ये नूपुर मेरे पैरों में पड़े हैं तो इनका भी भाग्य है। मेरे पैरों की गति में गीत गाते हैं, तो वह भी इनका भाग्य है! मेरे आगमन का संदेश पहले ही पहुँचा देते हैं, तो वह भी इनका भाग्य है। और जब मेरे पैर रुक जाते हैं तो ये मौन हो जाते हैं, वह भी इनका भाग्य है। भाग्य तो सबके होता है धाय माँ! तुम नगर के उत्सव में भाग नहीं ले रही हो, न लो। महाराजा बनवीर का साथ नहीं दे रही हो, न दो! मैं कौन होती हूँ बीच में बोलने वाली!

पन्ना : तो क्या मेरे उत्सव में जाने और न जाने का सम्बन्ध बनवीर की इच्छा से है?

सोना : कुँवर को ही भेज देतीं।

पन्ना : कैसे भेज देती? इतने आदमियों के बीच उसे कैसे भेज देती? महाराणा साँगा के वंश के एक वही तो उजाले हैं। महाराणा रतनसिंह तीन ही वर्ष राज करके सूर्यलोक चले गए। विक्रमादित्य भी बनवीर की कूटनीति से अधिक दिनों तक...

सोना : धाय माँ! तुम विद्रोह की बातें करती हो?

पन्ना : आँधी में आग की लपटें तेज ही होती हैं, सोना! तुम भी उसी आँधी में लड़खड़ा कर गिरोगी। तुम्हारे ये सारे नूपुर बिखर जाएँगे। न जाने किस हवा का झोंका तुम्हारे इन गीत की लहरों को निगल जाएगा। चित्तौड़ राग-रंग की भूमि नहीं है, जौहर की भूमि है। यहाँ आग की लपटें नाचती हैं, सोना जैसी रावल की लड़कियाँ नहीं।

सोना : **(क्रोध से चीखकर)** धाय माँ!

पन्ना : तोड़ो ये नूपुर ! यहाँ का त्यौहार आत्म-बलिदान है। यहाँ का गीत मातृभूमि की वंदना का गीत है। उसे सुनो और समझो।

सोना : **(शान्त स्वर में)** समझ लिया धाय माँ।

पन्ना : तो यहाँ से जाओ।

(सोना का धीरे-धीरे प्रस्थान उसके नूपुर धीरे-धीरे बजते हुए दूर तक सुन पड़ते हैं।)

पन्ना : अँधेरी रात ! वह राग-रंग !! नगर के सब लोगों का जमाव !! कुँवर उदयसिंह के लिए बुलावा !! यह सब क्या है ?

(चन्दन का प्रवेश)

चन्दन : **(दूर से पुकारते हुए)** माँ ! माँ !

पन्ना : क्या, मेरे लाल ?

चन्दन : कुँवर कहाँ है, माँ !

पन्ना : रूठकर सो गए हैं।

चन्दन : उन्होंने भोजन कर लिया ?

पन्ना : नहीं, तुम भोजन कर लो। मैं थोड़ी देर के बाद उन्हें उठाकर बहलाकर भोजन करा दूँगी।

चन्दन : मुझे अकेले भोजन करना अच्छा न लगेगा, माँ।

पन्ना : भोजन कर लो मेरे चन्दन ! मेरे लाल ! सज्जा ने तुम्हारे लिए अच्छा भोजन बनाया है। तुम्हें अच्छी-अच्छी बातें सुनाती हुई भोजन करा देगी। मैं भी अभी आती हूँ। तुम्हारी माला टूट गई थी उसी को ठीक कर रही हूँ! बस, थोड़े दाने और रह गए हैं।

चन्दन : माँ, कल कुँवर की माला भी ठीक कर देना। वह भी टूट रही है। सोना ने उसे पकड़कर खींच दिया था।

पन्ना : अच्छा चन्दन ! वह भी ठीक कर दूँगी।

(चंदन का प्रवेश)

(एकाएक घर की कुछ चीजों के गिरने की धमक। शीघ्रता से सामली का प्रवेश)

सामली : (चीखकर पुकारती हुई) **धाय माँ, धाय माँ !**

पन्ना : कौन, कौन सामली ?

सामली : (**बिलखते हुए**) धाय माँ, धाय माँ, कुँवर कहाँ हैं? कुँवर जी कहाँ हैं?

पन्ना : क्यों कुँवर जी को क्या हुआ?

सामली : उनका जीवन संकट में है।

पन्ना : कहाँ! कैसे! यह तुम क्या कह रही हो?

सामली : उनका जीवन बचाओ, धाय माँ!

पन्ना : (**चीखकर**) सामली! कहाँ हैं कुँवर जी?
(**अंदर की तरफ भागती है**)

सामली : (**बिलखते हुए**) हाय! सर्वनाश हो रहा है। क्या मेवाड़ को ऐसे ही दिन देखने थे? हाय! क्या हो रहा है! तुलजा भवानी! तुम चित्तौड़ की देवी हो। कैसे कहूँ कि तुम्हारे त्रिशूल में अब शक्ति नहीं रही। मेवाड़ का भाग्य...

पन्ना : (**फिर प्रवेश कर**) सो रहा है। मेरा कुँवर सो रहा है। कहीं तो कुछ नहीं हुआ। कुँवर जी रूठ गए थे, वे तलवार लिए भूमि पर ही सो गए। तलवार उनके हाथों से खिसक गई पर वे तो शांति से सो रहे हैं। मेरे कुँवर को कुछ नहीं हुआ।

सामली : कुँवर अच्छे हैं। तुलजा भवानी कुशल करें! पर धाय माँ! महाराणा विक्रमादित्य जी की हत्या हो गई!

पन्ना : (**चीखकर**) महाराणा की हत्या हो गई? किसने की?

सामली : बनवीर ने। महाराणा सो रहे थे। उसने अवसर पाकर उनकी छाती में तलवार भोंक दी।

पन्ना : (**चीखकर**) हाय! महाराणा विक्रमादित्य जी! (**सिसकने लगती है।**)

सामली : बनवीर ने नगर भर में आज नाच-गाने का त्यौहार मनवाया जिससे नगर-निवासियों का ध्यान नाच-रंग में ही रहे। मौका देखकर वह राजमहल गया। अंतःपुर में वह आता-जाता था। किसी ने रोका नहीं। उसने महाराणा के कमरे में जाकर उनकी हत्या कर दी। (**सिसकियाँ लेने लगती है।**)

पन्ना : (**स्थिर होकर**) आज कुसमय रास-रंग की बात सुनकर

मेरे मन में शंका हुई थी। इसलिए मैंने कुँवर को वहाँ जाने से रोक दिया था। सम्भव था कि कुँवर वहाँ जाते और बनवीर अपने सहायकों से कोई कांड रच देता।

सामली : इसीलिए मैं दौड़ी आई हूँ, धाय माँ ! लोगों ने बनवीर को कहते सुना है कि वह कुँवर उदयसिंह को भी सिंहासन का अधिकारी समझकर जीवित नहीं रहने देगा। वह निष्कंटक राज करेगा, धाय माँ।

पन्ना : विलासी और अत्याचारी राजा कभी निष्कंटक राज्य नहीं कर सकता।

सामली : लेकिन रक्त से भीगी तलवार लेकर वह सीना ताने हुए अपने महल में गया है।

पन्ना : लोगों ने उसे पकड़ा नहीं? सैनिक चुपचाप देखते ही रहे?

सामली : सैनिकों को उसने अपनी तरफ मिला लिया है। लोग उससे डरते हैं। महाराणा विक्रमादित्य का राज्य भी तो ऐसा नहीं था कि लोग उनसे प्रेम रखते। उनके पहलवानों की सहायता से राज्य नहीं चल सकता। सभी सामंत महाराणा से असंतुष्ट थे।

पन्ना : अब क्या होगा?

सामली : थोड़ी देर बाद ही वह कुँवर जी को मारने आएगा। आज की रात बहुत अँधेरी है। आज की रात में ही वह अपने को पूरा महाराणा बना लेना चाहता है। किसी तरह से ही कुँवर जी की रक्षा होनी चाहिए, धाय माँ।

पन्ना : कुँवर जी की रक्षा...**(सोचते हुए)** कुँवर जी की रक्षा। अवश्य होगी...अवश्य होगी। अब मेवाड़ का उत्तराधिकारी एक यही तो राजपूत-रक्त है, दासी-पुत्र बनवीर को चित्तौड़ सहन नहीं कर सकता।

सामली : यह तो आगे की बात है पर तुम कुँवर जी की रक्षा किस तरह करोगी?

पन्ना : मैं? इस अँधेरी रात में ही उसे लेकर कुंभलगढ़ भाग जाऊँगी।

सामली : और चन्दन कहाँ रहेगा?

पन्ना : यहाँ भगवती तुलजा उसे रखेंगी। मेरे महाराणा का नमक मेरे रक्त से भी महान है। नमक से रक्त बनता है, रक्त से नमक नहीं।

सामली : धन्य हो, धाय माँ! पर तुम नहीं भाग सकोगी। तुम महलों से निकल भी नहीं सकोगी। आते समय मैंने देखा था कि बनवीर के सैनिक तुम्हारा महल घेरने को आ रहे थे। एक ओर से तो तुम्हारा महल घिर ही चुका था।

पन्ना : हा! भगवान् एकलिंग! अब क्या होगा?

सामली : जैसे भी हो कुँवर जी की रक्षा तुम्हें करनी ही है।

पन्ना : मुझे सैनिकों की सहायता नहीं मिल सकती?

सामली : सैनिक तो उसके हैं, धाय माँ।

पन्ना : और सामंत?

सामली : उनमें इतना साहस नहीं है।

पन्ना : **(जोर से)** दरवाजे पर कौन है?

(कीरत बारी का प्रवेश)

कीरत : अन्नदाता! कीरत बारी हौं। धाय माँ के चरन लागों।

पन्ना : कीरत! तुम हो? बाहर तो कोई नहीं है?

कीरत : अन्नदाता! बाहर सिपाहियों का डेरा लग रहा है। जान नहीं पड़ता अन्नदाता कि आधी रात को जे का हो रहा है। बड़ में किसी का भी पैसारा नहीं हो पाता। मैं तो बारी हौं इससे कोई कुछ बोला नहीं।

पन्ना : तो तुम बेखटके चले आए?

कीरत : अन्नदाता! मैं तो जूठी पत्तल उठाता हूँ, कोई माल-मत्ता तो मेरे पास नहीं। टोकरी है और उसमें पत्ते हैं। कुंवर जू ने ब्यालू कर ली धाय माँ? मैं जूठन उठा लूँ?

पन्ना : नहीं।

कीरत : कुँवर जू जुग-जुग जिएँ धाय माँ? जब से कुँवर जू बूँदी से आए हैं तब से सगर महल में उजियारा फैल गया है। राणा विक्रमाजीत जब हर भजन करेंगे तो धाय माँ, अपना चौंर छत्तर कुँवर जू को ही सौंपेंगे। सच जानो धाय माँ? मैं तो उनके लिए अपनी जान तक हाजिर

कर सकता हूँ। **(ठहरकर)** धाय माँ कुछ सोच रही हैं?

पन्ना : **(चौंककर)** एँ! हाँ मैं सोच रही हूँ। **(सामली से)** तुम बाहर जाकर देखो, सिपाही कहाँ-कहाँ खड़े हैं और कितने सिपाही हैं?

सामली : बहुत अच्छा धाय माँ! जाती हूँ।

(प्रस्थान)

पन्ना : तो कीरत! तुम कुँवर जी को बहुत प्यार करते हो?

कीरत : अन्नदाता! प्यार करने में जुबान पर कैसे आए? वो तो दिल की बात है। मौके पै ही देखा जाता है। और कहने को तो मैं कह चुका हूँ कि उनके लिए अपनी जान तक हाजिर कर सकता हूँ।

पन्ना : तो यह मौका आ गया है, कीरत!

कीरत : मौका! कैसा मौका?

पन्ना : कुँवर जी को बचाने का।

कीरत : कौन के सिर पै भैरू बाबा की आँख चढ़ी है जो कुँवर जी का बाल बाँका कर सके? और कीरत के रहते? धाय माँ, हँसी तो नहीं कर रही हैं? अन्नदाता!

पन्ना : नहीं कीरत, हँसी का समय नहीं है। कुँवर जी के प्राण संकट में हैं।

कीरत : हुकुम दें, अन्नदाता!

पन्ना : अच्छा तो सुनो। तुम बारी हो तुम्हें बाहर जाने से कोई नहीं रोकेगा। तुम तो टोकरी में जूठी पत्तल उठा के जाते ही हो।

कीरत : ठीक कहती हैं, अन्नदाता! आते वक़्त भी किसी ने नहीं रोका।

पन्ना : तो तुम कुँवर जी को टोकरी में लिटाकर उन पर गीली पत्तलें डालकर महल से बाहर निकल जाओ।

कीरत : वाह! अन्नदाता ने खूब सोचा! खूब सोचा! मैं ऐसा निकल जाऊँगा कि सिपाही लोग मुँह ताकते ही रह जाएँगे। तो कुँवर जी कहाँ हैं?

पन्ना : सो रहे हैं। आज भूमि पर सो गए। उन्हें धीरे से उठाकर अपनी टोकरी में सुला लेना। वे जागने न पाएँ।

कीरत : बहुत अच्छा। अन्नदाता! कुँवर जी कहाँ हैं?

पन्ना : मेरे कमरे में नीचे सो गए हैं। तुम्हारी टोकरी तो काफी बड़ी है?

कीरत : अन्नदाता, आपके जस ने ही तो मेरी टोकरी बड़ी कर दी है। सारे राजमहल की पत्तलें छोटी टोकरी में कैसे आ सकती हैं। और अन्नदाता! आज तो बनवीर के साथ बहुत सामन्तों ने खाया है। मैंने भी सोचा आज बड़ी टोकरी ले चलूँ, सो वो ही लाया हूँ।

पन्ना : और हाँ, कुँवर जी को लेकर तुम बेरिस नदी के किनारे मिलना, वहाँ जहाँ श्मशान है।

कीरत : ठीक है अन्नदाता! वहीं मिलूँगा। वहाँ मुझ पै किसी भी आदमी की नजर न पड़ेगी।

पन्ना : तो जाओ कीरत! आज तुम जैसे एक छोटे आदमी ने चित्तौड़ के मुकुट को सँभाला है। एक तिनके ने राजसिंहासन को सहारा दिया है। तुम धन्य हो!

कीरत : अन्नदाता! धन्य तो आप हैं कि मुझको आपने ऐसी सेवा करने का काम सौंपा है। तो मैं चलूँ?

(सामली का प्रवेश)

सामली : धाय माँ! महल चारों तरफ से सिपाहियों से घिर गया। उत्तर की तरफ ही सात सिपाही हैं। बाकी तीनों तरफ बीस-बीस सिपाही पहरा दे रहे हैं। शायद उत्तर की तरफ के सिपाही बनवीर को लेने गए हैं।

पन्ना : कोई चिन्ता की बात नहीं, सामली! तुम यहीं ठहरना, मैं अभी आती हूँ। **(कीरत से)** चलो कीरत!

(दोनों का प्रस्थान)

(पन्ना का प्रवेश)

पन्ना : अब ठीक है। कुँवर जी की रक्षा हो गई।

सामली : पर एक बात है, धाय माँ!

पन्ना : क्या?

सामली : बनवीर यहाँ जरूर आएँगे। वे तुम्हारे महल में कुँवर जी की खोज करेंगे। जब वे कुँवर जी को न पाएँगे और तुमसे पूछेंगे तो तुम क्या उत्तर दोगी?

पन्ना : कह दूँगी कि मैं नहीं जानती।

सामली : इससे वे नहीं मानेंगे। क्रोध में आकर अगर उन्होंने तुम्हारे ऊपर तलवार चला दी तो कुँवर जी तुम्हारे बिना कैसे जिएँगे?

पन्ना : मुझे इसकी चिन्ता नहीं है, सामली!

सामली : पर चिंता तो कुँवर जी की है। तुम्हारे बिना वे भी तो जीवित नहीं रहेंगे। फिर तुम्हारा बलिदान चित्तौड़ के किस काम आएगा?

पन्ना : सचमुच कुँवर जी मेरे बिना नहीं जिएँगे। थोड़ी-सो बात पर तो रूठ जाते हैं। मुझे न पाकर उनका क्या हाल होगा?

सामली : किसी तरह बनवीर को धोखा नहीं दे सकतीं?

पन्ना : दे सकती हूँ।

सामली : किस तरह?

पन्ना : कुँवर जी की शय्या पर किसी और को सुला दूँगी। वह क्रोध में अंधा रहेगा। पहचान भी नहीं सकेगा कि कौन सोया है।

सामली : कुँवर जी की शय्या पर किसे सुला दोगी?

पन्ना : किसे सुला दूँगी? **(सोचकर)** सामली मेरे हृदय पर वज्र गिर रहा है। मेरी आँखों में प्रलय का बादल घुमड़ रहा है। मेरे शरीर के एक-एक रोम पर बिजली तड़प रही है।

सामली : धाय माँ! सँभल जाओ। ऐसी बात न कहो। कुँवर जी की शय्या पर...

पन्ना : सुला दूँगी। उसी को सुला दूँगी जो मेरी आँखों का तारा है...चन्दन...चन्दन को सुला दूँगी सामली। **(सिसकियाँ)** चन्दन को सुला दूँगी। उस नन्हे लाल को हत्यारे की तलवार के नीचे रख दूँगी!

सामली : धाय माँ! ऐसा मत कहो। ऐसा मैं नहीं सुन सकूँगी। **(प्रस्थान)**

पन्ना : चली गई। कहती है, ऐसा मैं नहीं सुन सकूँगी। जो मुझे करना है, वह सामली सुन भी न सकेगी! भवानी!

तुमने मेरे हृदय को कैसा कर दिया। मुझे बल दो कि मैं राजवंश की रक्षा में अपना रक्त दे सकूँ। अपने लाल को दे सकूँ। यह राजपूतनी का व्रत है। यही राजपूतनी की मर्यादा है। यही राजपूतनी का धर्म है। मेरा हृदय वज्र बना दो। माता के हृदय के स्थान पर पत्थर बना दो जिससे ममता का स्रोत बंद हो जाए। भवानी! मैं चित्तौड़ की सच्ची नारी बनूँ। **(नेपथ्य में चन्दन का स्वर)** माँ!...माँ...माँ!

(चन्दन का प्रवेश)

चन्दन : माँ! देखो, मेरे पैर में चोट लग गई। यह रक्त निकल रहा है!

पन्ना : कहाँ रक्त निकल रहा है? लाओ देखूँ मेरे लाल। ओह! अँगूठे में यह चोट कैसे लगी? रक्त निकल रहा है! कितना रक्त निकल रहा है? लाओ। इसे बाँध दूँ। **(अपनी साड़ी से कपड़े का टुकड़ा फाड़ती है)** पैर सीधा करो! हाँ ठीक...इसे बाँध देती हूँ। **(बाँधते हुए)** यह चोट कैसे लगी, लाल?

चन्दन : मैं जैसे ही भोजन करके उठा माँ, सज्जा ने कहा कि महल के चारों तरफ सिपाही इकट्ठे हो रहे हैं। मैं देखने के लिए ऊपर के झरोखे से चढ़ गया। अँधेरे में कुछ दिखाई नहीं दिया। जैसे ही मैं नीचे कूदा एक टूटा हुआ शीशा अँधेरे में चुभ गया। कोई बात नहीं है, माँ! रक्त तो निकला ही करता है। पर ये सिपाही महल के चारों तरफ इकट्ठे क्यों हो रहे हैं?

पन्ना : आज नाच-रंग का दिन है न! वही सब देखने आए होंगे। या फिर सोना ने उन्हें बुलाया होगा। वह नीचे नाच रही होगी।

चन्दन : माँ, सोना अच्छी लड़की नहीं है। मैं कल उससे कहूँगा माँ, कि कुँवर जी को अपना नाच न दिखाया करे। उनका मन आखेट करने में नहीं लगता।

पन्ना : मैं उसे समझा दूँगी, चन्दन!

चन्दन : कुँवर जी कहाँ हैं, माँ ! आज भोजन में भी साथ नहीं चले।

पन्ना : कहीं सो रहे होंगे।

चन्दन : तब से सो रहे हैं ? माँ, कुँवर जी को ज्यादा नींद क्यों आती है ? मैं देखूँ, कहाँ सो रहे हैं।

पन्ना : बुरा मानकर कहीं सो रहे होंगे।

चन्दन : सोना ने ही उन्हें बुरा मानना सिखला दिया, माँ, नहीं तो कुँवर जी पहले कभी बुरा नहीं मानते थे। खेल-खेल में भी बुरा नहीं मानते थे। साथ खेलते थे, साथ खाते थे। आज अकेले कुछ खाया भी नहीं गया, माँ।

पन्ना : तो चलो चन्दन ! मैं तुम्हें जी-भर खिला देती हूँ।

चन्दन : अब कुँवर जी के साथ कल खाऊँगा, माँ ! कल हम दोनों साथ बैठेंगे...तुम प्रेम से परोस-परोसकर खिलाना। कल खूब खाऊँगा, माँ ! कुँवर जी से भी ज्यादा। कहते हैं कि मैं चन्दन से ज्यादा खाता हूँ। अब कल से यह कहना भूल जाएँगे। **(हँसता है)** क्यों माँ ?

पन्ना : ठीक है, लाल !

चन्दन : माँ ! अच्छी तरह से क्यों नहीं बोलतीं ? और तुम्हारी आँखों...तुम्हारी आँखों में पानी कैसा ? माँ ! ऐं...तुम्हारी आँखों में...

पन्ना : कहाँ चन्दन ! पानी कहाँ ? और तुम्हारे अँगूठे से रक्त की धारा बहे, मेरी आँखों से एक बूँद पानी भी न निकले ?

चन्दन : ओह ! माँ, तुम तो बातें करने में बड़ी अच्छी हो। जब मैं बड़ा होकर बहुत-सी जागीरें जीतूँगा, माँ, तो मैं तुम्हारे लिए एक मन्दिर बनवाऊँगा। देवी के स्थान पर तुमको बिठाऊँगा और तुम्हारी पूजा करूँगा। तुम अपनी पूजा करने दोगी ?

पन्ना : तुझसे मुझे यही आशा है, चन्दन। अब बहुत बातें न करो चन्दन ! रात अधिक हो रही है, सो जाओ।

(कुछ आहट होती है)

चन्दन : माँ ! माँ, देखो उस दरवाजे से कौन झाँक रहा है ?

पन्ना : कीरत बारी होगा। तुम्हारा भोजन उठाने आया होगा। मैं देखती हूँ।

(उठकर देखती है)

चन्दन : कोई और हो तो मैं अपनी तलवार लाऊँ?

पन्ना : **(लौटती हुई)** कोई नहीं है। महल में किसका डर है? लाल! तुम सो जाओ!

चन्दन : कहाँ सोऊँ! सज्जा तो अभी रसोईघर में ही होगी। मेरी शय्या ठीक भी न की होगी।

पन्ना : तो...तो...तुम कुँवर जी की शय्या पर सो जाओ। शय्या ठीक होने पर तुम्हें उस पर लिटा दूँगी।

चन्दन : तुम बहुत अच्छी हो, माँ! आज कुँवर जी की शय्या पर लेटकर देखूँ? अब तो मैं भी राजकुमार हो गया। **(एकाएक स्मरण कर)** पर मेरी माला! राजकुमार के गले में माला होती है न। तुमने मेरी माला गूँथ दी?

पन्ना : नहीं गूँथ पाई, लाल! सामली आ गई थी।

चन्दन : कल गूँथ देना। भूलना नहीं, माँ! **(शय्या पर लेटता है)** आहा माँ! कितनी नरम शय्या है। जी होता है सदा इसी पर सोता रहूँ।

पन्ना : **(चीखकर)** चन्दन!

चन्दन : क्या हुआ माँ!

पन्ना : कुछ नहीं...कुछ नहीं...। आज मेरा जी कुछ अच्छा नहीं है। कभी-कभी कलेजे में शूल-सी उठती है। तुम सो जाओ तो मैं भी सो जाऊँगी!

चन्दन : मैं किसी वैद्य के यहाँ जाऊँ माँ?

पन्ना : नहीं, वैद्य के पास इसकी दवा नहीं है। यह आप-से-आप उठती है और आप-से-आप शान्त हो जाती है। तुम सो जाओ...मैं भी कुँवर जी को खिलाकर जल्दी सो जाऊँगी।

चन्दन : **(चौंककर)** माँ, एक काली छाया मेरे सिर के पास आई और उसने मुझे मारने को तलवार उठाई? माँ, वह काली छाया...काली छाया।

पन्ना : मैं तो तुम्हारे पास बैठी हूँ, लाल! यहाँ कौन-सी काली छाया आएगी?

चन्दन : कोई छाया नहीं आएगी माँ! पर न जाने नींद क्यों नहीं आ रही है। तुम मुझे कोई गीत सुना दो तो सुनते-सुनते सो जाऊँ।

पन्ना : अच्छी बात है, मेरे लाल! मैं गीत ही गाऊँगी। अपने लाल को सुला दूँ।

(करुण स्वर में गीत गुनगुनाती है)

उड़ जा रे पंखेरुआ, साँझ पड़ी।
चार पहर बाटड़ली जोही।
मेड़थां खड़ी ए खड़ी।
उड़ जा रे पंखेरुआ, साँझ पड़ी।
डबडब भरिया नैन दिरिधड़ा।
लग रई झड़ी ए झड़ी।
उड़ जा रे पंखेरुआ, साँझ पड़ी।
तेरी फिकर हूँ भई दिवानी!
मुसकल घड़ी ए घड़ी। उड़ जा रे पंखेरुआ...

(धीरे-धीरे गाना समाप्त होता है)

चन्दन : **(फिर पुकारती है)** चन्दन!

(चन्दन के न बोलने पर पन्ना अलग हटकर जोर से सिसकी लेती है)

पन्ना : मेरा लाल सो गया। मैंने अपने लाल को ऐसी निद्रा में सुला दिया कि अब यह न उठेगा। **(सिसकियाँ लेती है)** ओह पन्ना! तूने अपने भोले बच्चे के साथ कपट किया है। तूने अंगारों की सेज पर अपने फूल-से लाल को सुला दिया है। तू सर्पिणी है! सर्पिणी जो अपने ही बच्चे को खा डालती है। जान-बूझकर अपने पुत्र की हत्या कराने जा रही हो। हाय! अभागिनी माँ! संसार में तेरा भी जन्म होने को था! **(सिसकियाँ लेती है। फिर चन्दन को सम्बोधित करते हुए)** लाल! तुम्हारी माला मैं नहीं गूँथ सकी। तुम्हारा जीवन अधूरा होने जा रहा है तो माला कैसे पूरी होती! **(सिसकियाँ)** आज

तुम भूखे ही रह गए, मेरे लाल! आज अंतिम दिन मैं तुम्हें अपने हाथों से भोजन भी न करा सकी। तुम क्या जानो कि कल तुम और कुँवर साथ-साथ कैसे भोजन करोगे! कहते थे कल तुम परोसकर खिलाना। मैं अब कैसे खिलाऊँगी, चन्दन! **(सिसकियाँ)** तुम्हारे अँगूठे से रक्त की धार बही। अब हृदय से रक्त की धारा बहेगी तो मैं कैसे रोक सकूँगी! मेरे लाल! मेरे चंदन! जाओ, यह रक्त-धारा अपनी मातृभूमि पर चढ़ा दो। आज मैंने भी दीपदान किया है। दीपदान! अपने जीवन का दीप मैंने रक्त की धारा पर तैरा दिया है। ऐसा दीपदान भी किसी ने किया है। एक बार तुम्हारा मुख देख लूँ। कैसा सुन्दर और भोला मुख है! **(सिसकियाँ लेती है।)**
(एकाएक भड़भड़ाहट की आवाज होती है। हाथ में तलवार लिए बनवीर आता है।)

बनवीर : **(मद्य पीने से उसके शब्द लड़खड़ा रहे हैं)** पन्ना!

पन्ना : महाराज बनवीर!

बनवीर : सारे राजपूताने में एक ही धाय माँ है पन्ना! सबसे अच्छी! मैं ऐसी धाय माँ को प्रणाम करने आया हूँ। **(रुककर)** ऐं, धाय माँ की आँखों में आँसू!

पन्ना : नहीं...आँसू नहीं हैं। आज मेरे कुंवर जी बिना भोजन किए ही सो गए।

बनवीर : आज के दिन भोजन नहीं किया? अरे, आज तो उत्सव का दिन है। आनन्द का दिन है। **(अट्टहास करता है)** मेरे महल में तीन सौ सामंतों ने भोजन किया। आज कीरत बारी की टोकरी देखतीं। भोजन उठाते-उठाते वह जिंदगी भर के लिए थक गया होगा। **(हँसता है)** जिंदगी भर के लिए! तो कहाँ हैं कुँवर उदयसिंह? मैं उन्हें अपने हाथ से भोजन करा दूँ।

पन्ना : कुँवर सो गए हैं। वे किसी के हाथ से भोजन नहीं करते, मैं ही उन्हें खिला दूँगी।

बनवीर : धाय माँ हो न! पन्ना, आज तुमने सोना का नाच नहीं देखा! ओह! कितना अच्छा नाचती है। मैंने उससे कह

दिया था कि वह कुँवर उदयसिंह को और धाय माँ को अपना नाच दिखला दे।

पन्ना : वह आई थी। शायद तुम्हीं ने उसे भेजा था, पर कुँवर जी का जी अच्छा नहीं था, इसलिए मैंने उन्हें नहीं भेजा।

बनवीर : जी अच्छा नहीं था, और आज का दीपदान भी तुमने नहीं देखा ?

पन्ना : मेरे लिए दीपदान देखने की बात नहीं है, करने की बात है।

बनवीर : ठीक है, धाय माँ तो मंगल-कामनाओं की देवी हैं। वे दीपदान करके चित्तौड़ का कल्याण करेंगी। मैं भी चित्तौड़ का कल्याण करूँगा। एक बात और कहूँ, पन्ना ! मैं तुम्हें मारवाड़ में एक जागीर देना चाहता हूँ। वहाँ तुम्हारे लिए तुलजा भवानी का मंदिर बनेगा। मंदिर ! सारे लोग तुममें इतनी श्रद्धा से देखेंगे कि तुलजा भवानी और तुममें कोई अंतर भी न होगा।तुम्हीं देवी के उस मंदिर में रहोगी। लोग तुम्हारी पूजा करेंगे।

पन्ना : **(चीखकर)** बनवीर !

बनवीर : **(अट्टहास कर)** महाराज बनवीर नहीं कहा ! मेरे कहने भर से तुम देवी हो गईं ! महाराज बनवीर को बनवीर कहने लगीं ! **(हँसता है)** देवी को प्रणाम ! देखो, अब तुम्हें मोह-ममता से दूर रहना होगा। तुम कुँवर उदयसिंह को मुझे दे दोगी और मैं उसे यह तलवार दूँगा। **(तलवार खींच लेता है।)**

पन्ना : ऐं, यह तलवार ! इस पर रक्त क्यों लगा है ?

बनवीर : रक्त तो तलवार की शोभा है, पन्ना ! अनंत सुहाग से भरी है। यह तो उसके सिंदूर की रेखा है। बिना रक्त के तलवार कभी तलवार कहला सकती है।

पन्ना : यह तलवार म्यान में रख लो, महाराज !

बनवीर : क्या तुम्हें भय लगता है। चित्तौड़ में तलवार से किसी को भय नहीं लगता। धाय माँ होने पर तुम में इतनी ममता भर गई कि तलवार नहीं देख सकतीं ! पन्ना ?

तलवारें आसानी से म्यान के भीतर नहीं जातीं।

पन्ना : आधी रात हो चुकी है, महाराज बनवीर ! विश्राम करो।

बनवीर : विश्राम मैं करूँ? बनवीर ! जिसे राजलक्ष्मी को पाने के लिए दूर तक की यात्रा करनी है। मैं अपने साथ कुँवर उदयसिंह को भी ले जाना चाहता हूँ।

पन्ना : यह नहीं होगा, यह नहीं होगा, महाराज बनवीर !

बनवीर : जागीर नहीं चाहतीं !

पन्ना : नहीं।

बनवीर : तो उदयसिंह के बदले जो माँगो दिया जाएगा।

पन्ना : राजपूतनी व्यापार नहीं करती, महाराज़ ! वह या तो रणभूमि पर चढ़ती है या चिता पर।

बनवीर : दो में से किसी पर भी तुम नहीं चढ़ सकोगी। तुम्हारा महल सैनिकों से घिरा है।

पन्ना : सैनिकों को किसने आज्ञा दी? महाराज विक्रमादित्य...।

बनवीर : **(बीच में ही)** वे अब इस संसार में नहीं हैं। पन्ना ! उन्होंने रक्त की नदी पार कर ली है। उसी रक्त की लहर मेरी तलवार पर है।

पन्ना : ओह बनवीर ! हत्यारा बनवीर !

बनवीर : महाराणा बनवीर को हत्यारा बनवीर नहीं कह सकतीं, पन्ना ! हत्यारा बनवीर कहने वाली जीभ काट ली जाएगी।

पन्ना : तो लो मेरी जीभ काट लो और यहाँ से चले जाओ। महाराणा विक्रमादित्य...।

बनवीर : बार-बार विक्रमादित्य का नाम क्यों लेती हो? प्रेतों और पिशाचों को वह नाम लेने दो। यदि मेरा नाम लेना है तो जय-जयकार के साथ लो।

पन्ना : धिक्कार है, बनवीर ! तुम्हारी माँ ने तुम्हें जन्म देते ही क्यों न मार डाला।

बनवीर : चुप रह धाय ! कहाँ है उदयसिंह?

पन्ना : तू उदयसिंह को छू भी नहीं सकता। नीच ! नारकी ! महाराणा विक्रमादित्य की हत्या के बाद उदयसिंह को देख भी नहीं सकता।

बनवीर : मैं नहीं देखूँगा, मेरी तलवार देखेगी। विक्रम के रक्त से सनी हुई तलवार अब उदयसिंह के रक्त से धोयी जाएगी।

पन्ना : ओह क्रूर बनवीर ! तुम तो उदयसिंह के संरक्षक थे। रक्षा के बदले क्या तुम उसकी हत्या करोगे? नहीं-नहीं यह नहीं हो सकता, यह नहीं हो सकता, महाराज बनवीर तुम राज्य करो, चित्तौड़ पर, मेवाड़ पर, सारे राजपूताने पर राज्य करो, पर कुँवर उदयसिंह को छोड़ दो। मैं उसे लेकर संन्यासिनी हो जाऊँगी। तीर्थ में वास करूँगी। तुम्हारा मुकुट तुम्हारे माथे पर रहे, पर मेरा कुँवर भी मेरी गोद में रहे। बनवीर ! महाराणा बनवीर मुझे यह भिक्षा दे दो।

बनवीर : दूर हट दासी ! यह नाटक बहुत देख चुका हूँ। उदयसिंह की हत्या ही मेरे राजसिंहासन की सीढ़ी है। जब तक वह जीवित है तब तक सिंहासन मेरा नहीं हो सकता। तू मेरे सामने से हट जा !

पन्ना : मैं नहीं हटूँगी ! अपने कुँवर की शय्या से दूर नहीं हटूँगी।

बनवीर : उदयसिंह को सुला दिया है, जिससे उसे मरने का कष्ट न हो। उसका मुख ढक दिया है। वाह री धाय माँ ! बालक के मरने में भी ममता का ध्यान रखती है। **(तीव्रता से)** शय्या से दूर हट, पन्ना ! मैं उसे चिर-निद्रा में सुला दूँ।

पन्ना : **(साहस से)** नहीं ऐसा नहीं होगा, क्रूर, नराधम, नारकी ! ले मेरी कटार का प्रसाद ले। **(आक्रमण करती है, उसकी चोट बनवीर की ढाल पर सुन पड़ती है।)**

बनवीर : **(क्रूर अट्टहास करता है)** ह ह ह ह ! दासी क्षत्राणी ! कर लिया कटार का वार? यह कटार मेरे हाथ में है अब किससे वार करेगी। अब तुझे भी समाप्त कर दूँ? लेकिन स्त्री पर हाथ नहीं उठाऊँगा।

पन्ना : अबोध सोते हुए बालक पर हाथ उठाते हुए तेरा हृदय तुझे नहीं धिक्कारता? पापी !

बनवीर : **(शय्या के समीप जाकर)** यही है, यही है मेरे मार्ग का कंटक। आज मेरे नगर में स्त्रियों ने दीपदान किया है। मैं भी यमराज को इस दीपक का दान करूँगा। यमराज! लो इस दीपक को। यह मेरा दीपदान।

(उदय के धोखे में चन्दन पर जोर से तलवार का प्रहार करता है। पन्ना जोर से चीखकर मूर्छित हो जाती है। कमरे में मन्द लौ से दीपक जलता रहता है।)

भुवनेश्वर

भुवनेश्वर प्रसाद का जन्म 1911 ई. को शाहजहांपुर के एक मध्यवर्गीय परिवार में हुआ था। बचपन में ही उनकी माँ का देहान्त हो गया। इसके कारण उनको घर में घोर उपेक्षा झेलनी पड़ी। कम उम्र में घर छोड़कर जब इलाहाबाद आये तो शाहजहांपुर में महज इंटरमीडिएट तक पढ़े इस लेखक से अंग्रेजी ज्ञान और बौद्धिकता का वहाँ के लेखकों पर आतंक छा गया। आदर्श और यथार्थवाद के उस दौर में इनकी रचनाओं ने दोनों सीमान्तों को इस प्रकार उद्‌घाटित किया कि उनके बारे में तरह-तरह की किवदंतियाँ फैलने लगी।

हिन्दी एकांकी को 'आधुनिक' रूप देने में भुवनेश्वर का कृतित्व ऐतिहासिक महत्व रखता है। भुवनेश्वर एकांकी के पाश्चात्य शिल्प की भूमिका में एकांकी रचना के क्षेत्र में प्रवृत्त हुए तथा उन्होंनें वस्तु एवं शिल्प के नव्य प्रयोगों द्वारा हिन्दी एकांकी को अभूतपूर्व सम्पन्नता प्रदान की। भुवनेश्वर का सर्वप्रथम एकांकी संग्रह 'कारवां' सन् 1935 में प्रकाशित हुआ। परन्तु इससे पहले ही 'कारवां' के एकांकी हंस, वीणा, आदि पत्रों में सन् 1933 से प्रकाशित होना प्रारम्भ हो गये थे। 'कारवाँ' में श्यामा, एक वैवाहिक विडम्बना, एक साम्यहीन साम्यवादी, शैतान, प्रतिभा का विवाह, रोमांस, रोमांच और लाटरी नामक एकांकी संकलित हुए हैं। इन एकांकियों के बाद के भुवनेश्वर के कुछ एकांकी अत्यन्त लोकप्रिय हुए और शिल्प की दृष्टि से अत्यन्त उत्कृष्ट कोटि के हैं। ऐसे एकांकियों में 'स्ट्राइक', 'ऊसर' और 'आजादी की नींद' उल्लेखनीय हैं।

पाश्चात्य नाटककारों में भुवनेश्वर पर बर्नाड शॉ, इब्सन और डी.एच. लारेंस का सर्वाधिक प्रभाव लक्षित होता है। भुवनेश्वर के एकांकी यद्यपि रासायनिक व्यंग्य, मनोवैज्ञानिक, कवित्वमय पूर्णालाप, प्रतीकात्मक और ऐतिहासिक कोटियों में वर्गीकृत किये जा सकते हैं, तथापि समग्र रूप में उनकी दृष्टि और कला की दिशा यथार्थवादी कही जायेगी। भुवनेश्वर यथार्थ और मनोविज्ञान की सुदृढ़ भूमि पर ही प्रायः अपने एकांकी की ज़मीन निर्मित करते हैं। यथार्थ के आग्रह के

कारण भुवनेश्वर, नास्तिकता और सन्देह की वृत्तियों से परिचालित होकर युग-सत्य को चित्रित करने में पर्याप्त सीमा तक सफल हुए हैं।

भुवनेश्वर अपने एकांकियों में समस्याएँ उदीप्त करने में सिद्धहस्त हैं। परन्तु वे प्रायः उन समस्याओं का समाधान नहीं प्रस्तुत कर सके हैं। भुवनेश्वर अन्तर्द्वन्द्व की अपेक्षा बाह्य द्वन्द्व को अधिक महत्त्व देते हैं और इसीलिए उन्होंने प्रायः पात्रों की मनोवैज्ञानिक परिस्थितियों का आवेगमय चित्रण किया है। यथार्थवादी होने के कारण भुवनेश्वर के एकांकियों के पात्र अधिकतर मध्यवर्ग के होते हैं। पस्थिति से उद्‌भूत मानसिक प्रभावों के चित्रण में भुवनेश्वर को अद्वितीय सफलता मिली है। उनके एकांकियों के कथोपकथन मर्मस्पर्शी, चुस्त और नाटकीयतापूर्ण हैं। ये अत्यन्त संक्षेप में प्रासंगिक व्यंजनाओं के साथ कथन को प्रस्तुत करने की कला में सिद्धहस्त हैं।

भुवनेश्वर के एकांकियों में रंग संकेतों की भी योजना मिलती है, जिनसे एकांकियों के वातावरण एवं आलोक में पूर्ण निखार तो आ ही जाता है, साथ ही उनसे अभिनय में भी पर्याप्त सफलता मिलती है।

भाषा-प्रयोग के क्षेत्र में भी भुवनेश्वर का यथार्थवादी दृष्टिकोण पल्लवित हुआ है, परिणामतः उन्होंने विभिन्न भाषाओं के शब्दों का उन्मुक्त प्रयोग किया है। भुवनेश्वर की भाषा में यदि अंग्रेजी के व्यावहारिक शब्दों (ड्राइंग रूम, फर्नीचर, प्लास्टर, एक्सपेरीमेंट, लाइब्रेरी, पार्क आदि) का प्रयोग सरलता के साथ मिल जाता है, तो उर्दू-फारसी, अरबी के बहुप्रचलित शब्दों (दरवाजा, बदतमीजी, कायदा, इन्तजार आदि) की आवृत्ति भी अत्यन्त सहज रूप में देखी जा सकती है। कुल मिलाकर भुवनेश्वर की भाषा-शैली प्रवाहपूर्ण और अभिव्यक्ति में पूर्ण सक्षम है।

भुवनेश्वर का बहुचर्चित एकांकी 'ताँबे के कीड़े' सन् 1946 में 'हंस' पत्रिका में प्रकाशित हुआ। इस एकांकी के माध्यम से उन्होंने जीवन की समग्रता का बोध कराने का प्रयास किया है। इसमें मानव-जीवन की थकान, ऊब, मोहभंग, हताशा, रूमानियत, जुनून और बेतुकेपन की एक प्रामाणिक अनुभूति मिलती है। जब विश्व रंग-पटल पर आयनेस्को बैकेट जैसे नाटककारों का आगमन नहीं हुआ था तब भुवनेश्वर ने इस नाटक को लिखा जो असंगत नाटक की सारी शर्तों को पूरा करता है। डॉ. इन्द्रनाथ मदान ने तो इसे आधुनिकताबोध का दस्तावेज़ ही माना है। भुवनेश्वर के इस लघु नाटक 'ताँबे के कीड़े' को आधुनिकताबोध का दस्तावेज़ उसी तरह कहा गया है जिस तरह 'कुकुरमुत्ता' (1941) को। यह शायद इसलिए कि दोनों में विसंगति का बोध है। भुवनेश्वर के एकांकियों में नवीन मूल्यों की स्थापना का विद्रोही स्वर बहुत स्पष्ट है। इस

दृष्टि से आपके एकांकियों में जो बौद्धिक और प्रगतिशील दृष्टि प्राप्त होती है वह पाश्चात्य दृष्टि के अधिक निकट है। शिल्प की दृष्टि से आपके एकांकियों पर बर्नाड शॉ का प्रभाव लक्षित किया जा सकता है।

सन् 1957 को इनका देहावसान हो गया।

एकांकी का सार : 'ताँबे के कीड़े'

एब्सर्ड नाटक परम्परा का हिन्दी भाषा में आरम्भ भुवनेश्वर ने किया। एब्सर्ड नाट्य परम्परा की दृष्टि से 'ताँबे के कीड़े' उनका श्रेष्ठतम एकांकी है। जिसमें न कथानक की तारतम्यता है और घटनाओं का संगठन भी किसी क्रम में नही है। पात्रों की संयोजना भी इस तरह नहीं है कि उनके चरित्र स्पष्ट रूप से उभर कर आयें। नाटक का एनाउंसर अमूर्त बातें करता है, यह भी स्पष्ट नहीं होता कि वह किस बाबत घोषताएँ कर रहा है। एक परेशान रमणी नहीं कि वह क्यों परेशान है जबकि मसरूफ पति उसकी बचैनी का कारण निर्मला को मानता है। पर निर्मला परेशान रमणी के बारे में कुछ जानती ही नहीं। निर्मला तो उसके लिए ऊनी बादलों में रहती है। थका हुआ उम्र सफ़र अपनी थकान से परेशान है पर अपने अतीत की बराबर याद करता है। पूरे एकांकी में इसी तरह की स्थितियाँ बनती-बिगड़ती है जिनका परस्पर संघर्ष होता है और परिस्थितियों का तारतम्य जोड़ना भी कठिन है। एब्सर्ड नाटक तमाम संघर्ष विसंगतियों के साथ ही प्रभावशाली होता है।

ताँबे के कीड़े

•

भुवनेश्वर

पात्र—परिचय

अनाउंसर, एक परेशान रमणी, एक मसरूफ पति, एक थका हुआ अफ़सर, पागल आया, एक रिक्शा कुली, कुछ और आवाजें।

[बड़े आदमियों के ड्राइंग-रूमों के लिए एक छोटा-सा नाटक]

[यह नाटक ड्राइंग-रूम के लिए ही है। औसत साइज के ड्राइंग-रूम में एक तरफ दीवार से जरा हटा एक काला स्क्रीन खड़ा किया गया है जिसके बराबर अनाउंसर (जिसे स्त्री ही होना चाहिए) खड़ी है। अनाउंसर के कपड़े रंग-बिरंगे होने हैं। एक फूलदार ड्रेसिंग-गाउन, रेशमी साफा और एक शोख चौड़े कमरबन्द से काम चल सकता है। उसके हाथ में एक बड़ा-सा तिब्बती लामाओं का-सा झनुझुना है।]

अनाउंसर : *(हाथ के झुनझुने को हिलाकर)* अकेले और बेसरो-सामान हम इस संसार में आए। *(स्क्रीन के पीछे से कुछ गम्भीर मर्दानी आवाजें)* कौन-कौन यहाँ सदा अकेला नहीं रहा? किसने-किसने अपने पड़ोसी का चेहरा पहचाना?

एक स्त्री की आवाज : किसने-किसने अपनी आत्मा में जीवन के आदि मुहूर्त को

सिसकते-सुबकते नहीं सुना? अकेले और बेसरो-सामान हम भूले हुए रास्ते खोजते हैं। हम अपना खोया हुआ भाई तलाश करते रहते हैं जो बचपन में घर छोड़कर चला गया है। एक पत्थर, एक पत्ती, एक शब्द...जिसके पीछे एक अनजाई और अनहोनी शुरुआत है।

[अनाउंसर झुनझुना हिलाती है। आवाजें रुक जाती हैं।]

गान

अनाउंसर : हम सवालात उठाते हैं...

स्क्रीन के पीछे की आवाजें—हम खुदा नियम और मनुष्य को कायल कर देते हैं। और हमारे अन्दर के अन्धकार से शक्ति फूट पड़ती है।

अनाउंसर : *(झुनझुना बजाकर)* हम अपनी आत्मा से रचते हैं और शरीर से नाश कर देते हैं कि फिर अपने सत्य से उसे सजाएँ।

स्क्रीन के पीछे की आवाजें—आओ, हम इसे किसी बाजार में बेच दें। मृत्यु और नाश की इस निर्दय केमिस्ट्री को छनभर में खतम कर दें कि हम इन आँखें तरेरते सवालो से बच सकें। हम वह भूली हुई भाषा याद करते रहते हैं—एक पत्थर...एक पत्ती—एक शब्द।

अनाउंसर : *(झुनझुना हिलाकर)* हम सवालात पैदा करते हैं।

[झुनझुना हिलाकर]

जो समय और ऋतुओं का दर्पन दमकते हुए हीरों की तरह काट देते हैं। सवालात जो वीरान सड़कों पर छिपे हुए जालों की तरह बिछे रहते हैं। *(झुनझुना)* हम मृत्यु को निरुत्तर कर देते हैं।

[जोर से झुनझुना बजाती है।]

मृत्यु हमारे सिरहाने लोरियाँ गाती है। हम अपनी जानें खतरे में डाल सकते हैं, पेंशनें नहीं।

गान

[अब बत्तियाँ बुझाई जा रही हैं। एक मिनट में पूरा अँधेरा हो जाता है; सिर्फ अनाउंसर एक फीकी फुट-लाइट में काली स्क्रीन के सामने दमकती रहती है।]

अनाउंसर : *(गम्भीर स्वर)* जीवन का संगमरमर, जीवन का हसीन संगमरमर, जीवन का घायल संगमरमर, ख़ून बहाता हुआ संगमरमर– *(झुनझुना)*

[स्क्रीन के पीछे]

एक आवाज : यहाँ क्या हर वक़्त पानी बरसता है। यह कैसी डरावनी घटा उमड़ रही है!

दूसरी : भीग जाएँगे। मर जाएँगे। हम इस तरह अपनी जानें खतरे में नहीं डालेंगे।

तीसरी : तुम बिस्तर में ही रहो। तुम्हें जुकाम है, तुम्हें निमोनिया भी हो सकता है।

स्त्री की आवाज : नहीं निमोनिया तो बहुत साधारण है, क्यों क्या मुझे Pandy's Disease नहीं हो सकती?

एक आया की आवाज: बाबा! *(पुकारती है)* जान बाबा!! मशालती बाबा...तुम घर से कितनी दूर निकल जाते हो। मैं कब से तुम्हारा सूटर लिए तुम्हें ढूँढ़ रही हूँ।

स्त्री की आवाज : हम तो यहाँ खड़े-खड़े अकड़ गए, कितने जोर से पानी आया है। मेरे सारे बीज सड़ जाएँगे।

एक और आवाज : हमारी सबसे बड़ी ईजाद। काँच के बीज। इनको बार-बार नहीं बोना पड़ता। एक बार बोओ, हजार बार काटो। यह सड़ते नहीं? उगने से इनकार नहीं करते।

[अनाउंसर झुनझुना बजाती है]

अनाउंसर : सीसे के बीज काँच के बीजों से ज्यादा पायदार होते थे।

[रिक्शे की घंटी की आवाज]

रिक्शेवाला : बादलों ने सूरज की हत्या कर दी, सूरज मर गया। मैं दूसरे का बोझ ढोता हूँ। मेरे रिक्शे में आईने लगे हैं। मैं इन सब आईनों में अपना मुँह देखता हूँ। सूरज नहीं रहा। अब धरती पर आईनों का शासन होगा। आईने अब उगने और न उगने वाले बीज अलग-अलग कर देंगे।

थका अफ़सर : मैं एक थका हुआ अफ़सर हूँ *(ऊँघाता हुआ-सा)* मैं ब... हु...त ...थ...क...गया हूँ। अन्धे कु...एँ...में जैसे एक-एक करके चीजें जमा हो जाती हैं। कुएँ की डोर...मरी हुई सूखी बिल्ली...बेबी का जांघिया...टूटा कनस्तर...वैसे ही...

वैसी ही...थकान मेरे अन्दर जमा हो गई है। एक अवसाद और अनेक थकान।

रिक्शेवाला : *(तेजी से)* आह, अफ़सर! आगे देखकर चलो। *(टकरा जाता है)* आह, तुमने मेरा एक आईना तोड़ दिया

[अनाउंसर हँसती है और झुनझुना बजाती है।]

स्त्री की आवाज : *(साधारण और अलसायी)* मैं ऊब गई हूँ। मेरा मन उचट गया। मैं सारा संसार मथूँगी, अपने अन्दर-बाहर सब मथूँगी। लेकिन चुपके-से, जैसे किसी को मालूम न हो। *(कुछ रुककर जैसे किसी ने कुछ कहा)* नहीं मेरी हँसी में न सूरज है न चाँद। मुझे यह सब सोचने का वक़्त नहीं है। मुझे बहुत कुछ करना है। *(धीरे से)* मुझे तुम्हें भी मथना है।

[कुछ अस्पष्ट आवाजें। अनाउंसर भी अपना झुनझुना हिला रही है। पर उससे कोई आवाज नहीं निकलती]

नहीं, नहीं, सँवारने का काम भी मेरा ही है। *(धीरे से)* मेरा सिर्फ काम है मथना, मथना, सृजन जिस बेरहम कानून से होता है, यह तुम जानो। आह, इस बालक के चेहरे पर तो झुर्रियाँ हैं। इसकी हँसी में तो मधुमक्खियाँ हैं।

[अनाउंसर हँसती है और झुनझुना बजाती है।]

उसी स्त्री की आवाज : *(तहज़ीबयाफ्ता)* सर्दी में आदमी की फीलिंग्ज भी जम जाती हैं। जानते हो तुम स्वीटहार्ट, इतनी देर से तुमने मुझसे जो कुछ कहा मैंने कुछ सुना ही नहीं। शब्द तो बड़े सुन्दर थे, बिल्कुल बच्चों की तरह।

एक मसरूफ पति : इसलिए तो मैं शराब पीता हूँ। मैं सोचता हूँ, अभी जाकर पीऊँगा। पीता जाऊँगा, पीता जाऊँगा जब तक कि मैं फिर से एक बच्चा न हो जाऊँ...फिर तब शायद मैं जो कहूँगा वह तुम्हें समझना ही पड़ेगा।

स्त्री की आवाज : देखो, तुम अपनी आत्मा मथते क्यों नहीं, तुम अपना शरीर क्यों नहीं मथते...

एक मसरूफ पति : (डरकर) नहीं, मैं यह सब नहीं करूँगा। तुम ऐसे गहरे ग़ैरजायज शब्द क्यों बोलती हो? मथना? मैं नहीं जानता

कैसे, लेकिन यह जानता हूँ कि यह बात खूबसूरती से कही जा सकती है। नहीं, मैं एकबारगी शरीर को दिमाग के बन्धनों से अलग कर दूँगा। मैं लड़ूँगा, मैं शहीद हो जाऊँगा, मैं अजनबियों की भाषा बोलूँगा *(जैसे वह डूब रहा हो)* मैं सूरज का गला घोंट दूँगा। मैं...

[अनाउंसर हँसती है और झुनझुना बजाती है।]

एक परेशान स्त्री का स्वर : ओफ! तुम्हारा इन्तजार करते तो हम बूढ़े हो चले थे। यही तुम्हारा सात बजे आने का वायदा है? यह क्या? तुम्हारा चेहरा क्यों उतरा है? तुम क्या बीमार हो? डर गए हो कहीं? क्या बात है? तुमने कहीं कुछ देखा है?

मसरूफ पति : मैंने कुछ देखा है जरूर, लेकिन इस वक़्त मालूम होता है, मैंने देखा नहीं, सिर्फ सुना है।

[अनाउंसर स्क्रीन से सटे हुए स्टूल पर बैठ जाती है।]

मैंने सुना कि इन बादलों से कोई निकलकर मुझसे बातें करने लगा। तपी हुई बेलाग बातें जैसे कोई मन-ही-मन घुटनेवाला आदमी पहली बार शराब पीकर करता है...

एक परेशान रमणी : तब तुमने क्या किया?

मसरूफ पति : मैंने, मैंने, कुछ नहीं किया। मैंने थोड़ी-सी शराब और पी ली और निर्मला के घर गया। ऐसे ही जरा दिल बहलाने।

एक परेशान रमणी की आवाज : किसका, अपना या निर्मल का? तुमने फिर शराब पी, तुम में कोई कैरेक्टर नहीं है, तुम आदमी से खींचे जानेवाले रिक्शे पर भी बैठ सकते हो...तुम तो लड़खड़ा रहे हो।

[रिक्शे की घंटी। अनाउंसर, हाथ का झुनझुना काली स्क्रीन से टिकाकर ऑडिटोरियम में बैठ जाती है।]

रिक्शेवाले! जल्दी से चलो, साहब की तबीयत ठीक नहीं है...

रिक्शावाला : *(घंटी बजाते हुए, जैसे अभी जगा है।)*

मसरूफ पति : वहाँ दूर ऊनी बादलों में।

रिक्शावाला : आहा, तुम भी वैसी ही बातें करते हो। अभी तो थके हुए अफ़सर ने उससे कहा कि यह अन्धा कुआँ नहीं है, यह रिक्शा है। मेरे रिक्शे में शीशे हैं। पागल आया ने मेरा एक शीशा तोड़ डाला। नहीं, नहीं।

परेशान रमणी : किससे कहा तुमने कि यहाँ कुआँ है।

रिक्शावाला : *(घंटी बजाते)* किसी से नहीं। मैं जरा कुछ सोचता-सा बहुत थक गया था, और सर्दी में कुछ सुन्न-सा हो गया था, अभी मैंने ऐसा देखा। एक अफ़सर मेरे पास आया, वह थका हुआ था, बेहद थका हुआ। कुछ सोचकर वह भी शायद बेहोश हो गया था।

एक परेशान रमणी : अच्छा आगे देखो...।

[रिक्शे की घंटी बजती है।]

परेशान रमणी : तुम निर्मला के घर गए थे, निर्मला ने मेरे बारे में कुछ कहा था, मुझे पूछा?

मसरूफ पति : *(स्वप्निल)* निर्मला ने कहा? निर्मला ने कुछ नहीं कहा। निर्मला ही तो बादलों में चली गई थी...तुमने सुना...निर्मला मुझे आज मालूम हुआ ऊनी बादलों में रहती है।

[अनाउंसर ऑडिटोरियम से लपककर झुनझुना बजा देती है। कुछ लड़के हँसते शोर मचा रहे हैं।]

थका हुआ अफ़सर : मैं अफ़सर हूँ, लेकिन थक गया हूँ। जवानी में मैंने हजारों खोपड़े चटकाए हैं, अब सिर्फ उँगलियाँ चटकाता हूँ—कभी-कभी मजाक भी चटखा लेता हूँ। अंगरेजी जानते हो 'क्रैकअ' 'जोहक्' 'क्रैक अ' पिन।' *(लड़के हँसते हैं।)*

थका हुआ अफ़सर : अच्छा अब एक पहेली बूझो *(ताली बजाकर पटु लहजे में)* कॉलिज के बच्चों बूझो, क्या तुम ऐसी चिड़िया का नाम बता सकते हो जो उमड़ती निडर घटाओं के नीचे नाचती है, जिसके पर में आठ रंग होते हैं, पर जो कुत्ते की तरह भौंकती है।

एक लड़का : *(रुआँसा)* नहीं!

(थका हुआ अफ़सर खुशी से तालियाँ पीटकर नाचने लगता है) तुम नहीं बता सकते, मैं जानता था तुम नहीं बता सकोगे। मोर, मोर, मोर, तुम नहीं जानते। मोर...।

एक लड़का : *(कड़ककर)* लेकिन मोर भौंकते कहाँ हैं?

थका हुआ अफ़सर : यही तो भेद है, और नहीं तुम बूझ न लेते। और इसमें मजाक ही क्या था। *(अनाउंसर झुनझुना बजाती है। अबकी वह हँसती नहीं है।)*

परेशान रमणी : *(जैसे भौंककर)* मुझे मालूम मैंने तुमसे क्यों शादी की।

[रमणी हँस रही है, भयानक हँसी। अनाउंसर झुनझुना जोर-जोर से बजाती है। रमणी की हँसी धीरे-धीरे मधुर हो जाती है। अनाउंसर झुनझुना टिकाकर फिर ऑडिटोरियम में आकर बैठ जाती है। परेशान रमणी का स्वर और लहजा फौरन बदलकर शायराना और डूबा-डूबा-सा हो जाता है।]

मेरी तरफ देखो। तुमने कभी मेरे बारे में यह नहीं सोचा कि मैं बादल से निकलकर आई हूँ या बादलों में रह सकती हूँ। तुम निर्मला ही के बारे में यह बातें सोच सकते हो।

मसरूफ पति : मैं सोचता कहाँ हूँ। सुनता हूँ और देखता हूँ। मैं देखता हूँ, मैं सिर्फ देखता हूँ। मैं बहुत-सी बातें देख लेता हूँ। बाद में मेरी कोशिश यह रहती है कि जो भी मैंने देखा है, कोई भी खासकर तुम न देखो, और इसलिए जो मैं देख लेता हूँ—उसे फौरन तोड़ना चाहता हूँ। मैं तुमसे प्रेम जो करता हूँ।

परेशान रमणी : क्यों, अगर मैं देख लूँगी तो क्या होगा?

मसरूफ पति : *(बड़ी सहूलियत से)* नहीं, मैं चाहता हूँ कि तुम सिर्फ सुनो। तुम सुन लोगी तो मेरा अन्त हो जाएगा। बिल्कुल इस तरह।

[रिक्शा की घंटी जोर से बजती है]

परेशान रमणी : *(बिना डरे)* क्यों, तुम हमेशा इस तरह बात क्यों सोचा करते हो?

मसरूफ पति : क्योंकि मैं इतना डरा हुआ हूँ। तुमने ठीक कहा देखो, मैंने यह सुन लिया।

पागल आया : *(दूर से)* बाबा, जान बा...बा...मशालची बाबा। तुम खेलने बड़ी दूर चले जाते हो। तुम्हारे सूटर में कीड़े लग रहे हैं।

[पागल आया की आवाज से चौंक पड़ता है।]

मसरूफ पति : नहीं मुझे जरूर नाश करना चाहिए। मैं अपना डर दबा सकता हूँ, बहला सकता हूँ—भुला सकता हूँ—लेकिन मैं तो उसे उखाड़ फेंकना चाहता हूँ। क्या मुसीबत है। संसार में

भय के नाश करने का मतलब है संसार का नाश करना।

परेशान रमणी : लेकिन तुम भय पैदा ही क्यों करते हो। मालूम होता है तुम सिर्फ भय-ही-भय खाते हो। तुम मुझे कुछ बतलाते क्यों नहीं?

मसरूफ पति : *(हिकारत से हँसते)* तुम जानती हो भय छोड़ देने से क्या होगा? तब मैं कुछ मिटा नहीं सकता, नाश नहीं कर सकता। मुझे बराबर सृजन करना होगा। *(रुआँसा होकर)* और तब हमारी आत्मा और शरीर के मंथन से जो निकलेगा वह हमें मार डालेगा। हमारा अन्त कर देगा। तुम बूढ़ी हो जाओगी, जीवन-क्रीड़ा नन्ही-सी रतन-जड़ी रिस्टवाच की तरह रुक जाएगी।

[रिक्शे की घंटी बजती है।]

परेशान रमणी : फिर भी!

मसरूफ पति : नहीं, मुझे नाश करना ही पड़ेगा। लड़ना पड़ेगा इस बेरहम, बेमानी और अनन्त शुरुआत के खिलाफ। एक-एक पत्ती एक-एक शब्द और एक-एक पत्थर के खिलाफ। *(एकबारगी जोर की आवाज जैसे रिक्शा ढेर होने को होता है। अनाउंसर जल्दी से जाकर झुनझुना उठा लेती है। उसे बजाती भी है लेकिन कोई असर नहीं होता। एक खासा गोलमाल हो जाता है। परेशान रमणी, मसरूफ पति, रिक्शेवाला सब एक साथ बोलते हैं या बीच में पागल आया की भी आवाज वही मशालची बाबा पुकारती हुई दूर से सुनाई देती है। अनाउंसर गान देती है तब कहीं गोलमाल खत्म होता है।)*

थका हुआ अफ़सर : मैं बेहद थका हुआ हूँ। मेरा रोम-रोम चूर हो रहा है और आपने इसे गिरा दिया और फिर मारा। मैं सीटी बजाता हूँ। देखता हूँ...उसे बजा सकता हूँ या नहीं।

परेशान रमणी : यह देखता नहीं था और मैं हमेशा देखती हूँ। यह देखता नहीं था।

मसरूफ पति : मैंने देखा और अपनी जीवन-संगिनी से बताया। मैंने उसे समझाया कि मेरे लिए मिटाना और नाश करना कितना जरूरी है। मैंने उसे कायल कर दिया कि बिना नाश किए

बनाया जा ही नहीं सकता। *(अनाउंसर हँसती है और झुनझुना हिलाती है)*

थका हुआ अफ़सर : तुमने जरूर समझा दिया होगा और इस रिक्शेवाले का तुम नाश करना चाहते थे। तुमने क्या शब्द कहा था?

मसरूफ पति : *(बदला हुआ स्वर)* कौन? हम, नहीं। तुम हमको क्या समझते हो? हम क्या पागल हैं? यह आदमी देखता नहीं था। आगे देखकर नहीं गया, ठोकर लग गयी। मैं नाश करता हूँ।

रिक्शावाला : *(गर्व से)* नहीं हमको पीछे से ठोकर लगाई गई। मैंने रिक्शे के आईने में साफ देखा, शायद वह ठोकर अब तक आईने में दिखलाई दे रही हो।

थका हुआ अफ़सर : मैं सीटी बजाऊँगा। मैं अपनी बाकी ताक़त सीटी बजाने में सर्फ़ कर दूँगा।

परेशान रमणी : नहीं, रुको। सीटी नहीं बजाओ। हमारी तरफ देखो।

मसरूफ पति

परेशान रमणी : मैं कभी कुछ नहीं पैदा करती। *(मसरूफ पति)* मैं हरवक़्त सोते-गाते देखता हूँ और रचता हूँ और कायम करता हूँ...

परेशान रमणी : बात यह है कि हमारे पति बड़े मसरूफ रहते हैं। कभी-कभी यह अपने दिमाग को आराम देने के लिए ऊटपटाँग बातें करने लगते हैं। बिलकुल पागल आया की तरह। *(बात टालने की कोशिश में)* पागल आया को आपने देखा है? उसने 200 किताबें लिखी हैं, वह कहती है। वह देखती नहीं है। वह सिर्फ ढूँढ़ती है। वह, यकीन मानें, सिर्फ ढूँढ़ती है न जाने क्या और कहाँ *(धीरे से)* लेकिन मुझे डर है, वह तुमको ही ढूँढ़ रही है।

थका हुआ अफ़सर : मुझे इससे कोई मतलब नहीं लेकिन आपने यह रिक्शा लिया। इस जाड़े-पाले ओले में इसे दौड़ाया और फिर धीरे या लापरवाही से चलने पर अपनी ऊँची एड़ी से आपने इसे ठोकर मारी। यह गिर गया। शायद इसका एक पैर ही बेकार हो गया।...यह रचना और नाश करना दोनों है। तुमने एक रिक्शे का नाश किया और तुमने सौ पैदा किए।

मसरूफ पति : लेकिन मैंने ठोकर नहीं मारी, तुम यह कहोगे शायद।

परेशान रमणी : मैंने मारी, यह देखता नहीं था, यह क्यों नहीं देखता, यह रोज नहाता क्यों नहीं है। ओह, यह बहुत गन्दा है। *(गश-सा आ जाता है।)*

मसरूफ पति : अब तुमने देखा! देखने और न देखनेवाले में क्या फर्क है–*(बहुत धीरे)* आओ, हम इसकी सीटी का नाश कर डालें, इस अफ़सर का नाश कर डालें जल्दी। आओ, आओ, सौदा कर लें, फिर मैं तुम्हें बादलों में रहने की इजाजत दे दूँगा। मैं कभी *(सँभालते हुए)* तुम्हारी रची हुई कोई चीज नाश नहीं करूँगा।

थका हुआ अफ़सर : *(टोककर)* यह क्या घुसपुस कर रहे हो। आप जानती हैं कि एक कानून है जिसमें उन लोगों को सजा मिलती है जो जानवरों के साथ, खासकर सवारियों में जुतनेवाले जानवरों के साथ बेरहमी करते हैं। *(सीटी बजाता है)*

परेशान रमणी : *(गुस्से में)* तुम क्या इस आदमी को जानवर बना दोगे? यह रिक्शेवाला कोई बैल है या घोड़ा? *(अनाउंसर झुनझुना बजा देती है।)*

मसरूफ पति : *(जोशीली स्पीच)* मैं इसके खिलाफ लड़ूँगा। मैं आन्दोलन करूँगा। मैं मुल्कों से सुलह करूँगा और उन्हें तोड़ूँगा। मैं आलमगीर लड़ाइयाँ करूँगा, मैं कहर डालूँगा। देखो मैं क्या-क्या करता हूँ। मैं बड़ी-बड़ी लाइब्रेरियों में...आग लगा दूँगा। मैं शहरों और पर्वतों को स्याही की बूँद की तरह नक्शे से पोंछ दूँगा। यह आदमी है, जानवर नहीं है। यह रिक्शेवाला अन्धा कुआँ है। मेरी बीवी बादलों में रहती है। पागल आया हम सबको बचाएगी।

पागल आया : *(पागल जोश में)* अहा मिल गया, बाबा, जानबाबा, मशालची बाबा, मिल गया लेकिन तुम घर से बहुत दूर निकल आए। तुम्हारा सूटर। *(पागल आया और मसरूफ पति दोनों सुबकने लगते हैं जैसे वही दोनों मिल गए हों।)*

मसरूफ पति, पागल : थका हुआ अफ़सर मर गया। रिक्शेवाले ने उसे मार डाला।

आया, परेशान रमणी : अफ़सर मर गया, रिक्शेवाले ने उसे मार डाला अफ़सर ने...रिक्शेवाले को ठोकर लगाई थी। रिक्शेवाले ने अपने

आईने से उसे मार डाला। यह जो सामने खड़ा है यह न थका हुआ है, न अफ़सर।

थका हुआ अफ़सर : *(जैसे वह एकबारगी सब भूल गया हो)* मेरे अन्दर घनी थकावट बस गई है। *(जैसे डूब रहा हो)* जिस तरह एक अन्धे कुएँ में *(छटपटाता-सा)* मरी हुई सूखी बिल्ली, चमकीली वारनिश के टीन...किताबों के वरक। *(गिर पड़ता है।)*

पागल आया : रिक्शेवाले ने कितना अच्छा नाश किया। मेरी ख्वाहिश है कि हम उसके स्टेचू बनाएँ। उसकी जाली ऑटोग्राफ बेचने के लिए कम्पनियाँ खड़ी करें।

लेकिन मशालची बाबा, तुम घर से कितनी दूर निकल आए हो और तुम्हारा सूटर कीड़ों ने खत्म कर दिया...।

एक आवाज : हमारे सबसे ताजी ईजाद काँच के सूटर। इनको सिर्फ ताँबे के कीड़े खा सकते हैं। *(कुछ रुककर)* हमारी इससे भी ताजी ईजाद ताँबे के कीड़े। यह बुलाने से बोलते और हँसते हैं...ताँबे के कीड़े *(रोशनी हो जाती है। अनाउंसर इठलाती हुई हँस रही है। झुनझुना वह कमरबन्द में अटका लेती है।)*

अनाउंसर : नहीं, अभी खत्म कहाँ हुआ? अभी तो दो मिनट का एक नाच-गाना और है। न जाने इस गाने से अन्त करने में नाटक लिखने वाले का क्या मतलब है? मेरी समझ से तो पूरे नाटक में ही कुछ हल नहीं होता। पूछे जाने पर नाटक लिखनेवाला कुछ ऐसा कहेगा कि जिन्दगी और नाटक का प्रॉबलेम शायद एक ही है—यानी लम्हे को मुकम्मिल कर देना। विरोध और विद्रोह को एक स्वर करना और उसमें एक केन्द्रीय महत्त्व यानी Central Significance हासिल करके उसका दर्शकों पर एक फीका असर उपजाना कि वह उनकी बुद्धि, विचार और नजर उकसाए।

लेकिन यह सब बेबात की बातें हैं। सभी न्यूराटिक इसी तरह की बातें करते हैं। मेरी समझ में इस नाटक का लेखक न्यूराटिक है। हमें जो रुचता नहीं, जो हमारे

विचारों के साँचे में अँटता नहीं, उसे हम न्यूरसिस न कहें तो क्या कहें? इस पूरे नाटक में कोई मतलब नहीं है, वह हमें खाहमखाह भरम में डाल रहा है।

[झुनझुना निकालकर बजाती है और शर्माई हँसी हँसती है। स्क्रीन के पीछे से रिक्शावाला जो पैर में घुंघरू बाँधे है, दर्शकों को जोकरों की तरह हँसाने की कोशिश कर रहा है। (सर्कस के जोकरों की तरह न उपस्थित किया जाय) औरों के खड़े हो जाने पर वह आगे आकर अपना गाना और नाच शुरू कर देता है। गाना किसी भी भद्दी लय में गाया जा सकता है और नाच उछल-कूद से ज्यादा कुछ नहीं।]

रिक्शे वाले का गीत–

बीवी बोले नाहीं
बोले नाहीं
कुंडा खोले नाहीं
हम से बोले नाहीं

(सुरीली लय में)–**उमड़ रही बरसात रे**

(लहरे में)–**बीवी बोले नाहीं, बोले नाहीं**
बोले नाहीं, बोले नाहीं
बीवी बोले नाहीं...

[अनाउंसर लाल सिन्दूर होकर हँसी से लोट-पोट हो जाती है और बड़ी भली मालूम हो रही है।]

उपेन्द्रनाथ 'अश्क'

मध्यवर्गीय समाज की यथार्थ जीवन-झाँकी को अपने लेखन में सजीवता से अंकित करनेवाले साहित्यकारों में उपेन्द्रनाथ 'अश्क' का नाम अग्रगण्य है। पुराने संस्कारों के प्रति मोह और नई चेतना के आकर्षण के मध्य लटक रहे और मानसिक द्वन्द्वों से जूझ रहे मध्यवर्ग की यन्त्रणा को सबसे अधिक मुखर स्वर में उनके नाटकों में प्राप्त हुआ है।

पंजाब के जालन्धर नगर में 14 दिसम्बर सन् 1910 को मध्यवर्गीय ब्राह्मण परिवार में अश्क जी का जन्म हुआ। इनके पिता पं. माधोराम स्टेशन मास्टर थे। इन्होंने जालन्धर से मैट्रिक और बी.ए. की परीक्षाएँ उत्तीर्ण कीं। बचपन से ही वे अध्यापक, लेखक, सम्पादक, वक्ता, वकील बनने के स्वप्न देखते थे। बी.ए. पास करने के बाद ये अपने ही स्कूल में अध्यापक हो गए। तत्पश्चात् उसे छोड़कर इन्होंने साप्ताहिक पत्र 'भूचाल' का सम्पादन किया। एक अन्य साप्ताहिक 'गुरु घंटाल' के लिए कहानी-लेखन भी किया। फिर सन् 1936 में कानून की परीक्षा पास की। इसी समय पारिवारिक परिस्थितियों ने इनके जीवन को नई दिशा दी। यहीं से इनकी लेखकीय प्रतिभा का विकास हुआ। उर्दू में 'नौरतन' और 'औरत की फितरत' कहानी-संग्रह प्रकाशित हुए। इनका प्रथम हिन्दी कहानी-संग्रह 'जुदाई की शाम का गीत' था। ये कृतियाँ आदर्शोन्मुख, कल्पना-प्रधान अथवा कोरी रोमानी थीं। अनुभूति का स्पर्श उन्हें कम मिला था। उसके बाद दो-ढाई वर्ष के समय में ही इन्होंने 'उर्दू-काव्य की एक नई धारा', 'जय-पराजय', 'पापी', 'वेश्या', 'अधिकार का रक्षक', 'लक्ष्मी का स्वागत', 'जौंक', 'पहेली', 'आपस का समझौता', 'स्वर्ग की झलक', 'पिंजरा', 'प्रात प्रदीप' आदि रचनाओं का प्रणयन किया।

अश्क जी ने प्रीत नगर से निकलनेवाली एक मासिक पत्रिका के उर्दू-हिन्दी—दोनों संस्करणों का सम्पादन भी किया। यहीं उन्होंने कुछ कहानियों के अतिरिक्त 'छठा बेटा' नाटक और 'गिरती दीवारें' उपन्यास का काफी भाग

लिखा। सन् 1941 में रेडियो सेवा स्वीकार की और सन् 1945 में बम्बई में फिल्मों में लेखक का कार्य भी किया। सन् 1948 से सन् 1953 तक के समय में ये जीवन-संघर्ष के साथ-साथ साहित्य-सेवा में भी प्रवृत्त रहे। इन्हीं दिनों इन्होंने इलाहाबाद में नीलाभ प्रकाशन गृह की व्यवस्था की, जिससे इनके सम्पूर्ण साहित्यिक व्यक्तित्व ने रचना और प्रकाशन दोनों दृष्टियों से निखार पाया। इन्होंने साहित्य की विविध विधाओं–कहानी, उपन्यास, निबन्ध, लेख, संस्मरण, आलोचना, नाटक, एकांकी, कविता आदि के क्षेत्र में काम किया। सन् 1972 में इन्हें अपने समस्त कृतित्व के लिए 'सोवियत लैंड नेहरू पुरस्कार' से सम्मानित किया गया।

रचनाएँ

नाटक–'जय-पराजय', 'स्वर्ग की झलक', 'छठा बेटा', 'कैद', 'उड़ान', 'पैंतरे', 'अलग-अलग रास्ते', 'आदर्श और यथार्थ', 'अंजो दीदी'।

एकांकी–'पापी', 'वेश्या', 'लक्ष्मी का स्वागत', 'अधिकार का रक्षक', 'जौंक', 'आपस का समझौता', 'पहेली', 'विवाह के दिन', 'देवताओं की छाया में', 'खिड़की', 'सूखी डाली', 'चमत्कार', 'नया-पुराना', 'बहनें', 'कामदा', 'मेमूना', 'चिलमन', 'चरवाहे, चुम्बन', 'तौलिये', 'भँवर', 'आदि मार्ग', 'पक्का गाना', 'तूफान के पहले', 'कइसा साब कइसी आया', 'अन्धी गली के आठ एकांकी', 'पर्दा उठाओ पर्दा गिराओ', 'बतसिया', 'कस्बे में क्रिकेट क्लब का उद्‌घाटन', 'मस्केबाजों का स्वर्ग', 'साहब को जुकाम है'।

उपन्यास–'सितारों के खेल', 'गिरती दीवारें', 'गर्म राख', 'बड़ी-बड़ी आँखें', 'पत्थर अल पत्थर'।

कहानी–'अंकुर', 'नासूर', 'चट्टान', 'डाची', 'पिंजरा', 'गोखरू', 'बैंगन का पौधा', 'मेमने', 'दालिये', 'काले साहब', 'बच्चे', 'उबाल', 'कैप्टन रशीद' आदि कुल डेढ़-दो सौ कहानियाँ।

काव्य–'दीप जलेगा', 'चाँदनी रात और अजगर', 'बरगद की बेटी'।

संस्मरण–'मंटो मेरा दुश्मन'।

अनुवाद–'रंगसाज' (चेखव के लघु उपन्यास का अनुवाद), 'ये आदमी ये चूहे', 'हिज एक्सेलैंसी'।

सम्पादन–'प्रतिनिधि एकांकी', 'रंग एकांकी'।

इनके प्रायः सभी एकांकी रंगमंच की दृष्टि से उत्कृष्ट हैं। लेखक होने के साथ-साथ अच्छा कलाकार और कुशल रंगमंच निर्देशक होना जिसमें विशेष सहायक रहा है।

एकांकी का सार : 'चरवाहे'

चरवाहे एकांकी भारतीय मध्यवर्ग की मानसिकता को प्रकट करता है। रत्नी नामक लड़की जिसकी माँ मर गयी है पिता ने दूसरी शादी कर ली है। उसके मामा राय धनीराम उसे अपने घर ले आते हैं। वह मामा के स्नेह और मामी की प्रताड़ना में पलती-बढ़ती है।

रत्नी को चरवाहों की युक्त ज़िन्दगी पसन्द है। वह उनके गीतों और स्वतन्त्रता का जब तब बखान करती रहती है। कान्त से उसकी बहसें होती रहती है। वह गोविन्द चरवाहे को पसन्द करती है। तिंगल नाम चरवाहा उसे छेड़ता है जिसे वह थप्पड़ मार देती है। तिंगल डाकुओं से मिल जाता है। वह उनसे मिलकर गाँव में डाका डलवा देता है। लोगों को लगता है कि यह डाका लूपाट के लिए डाला गया है, लेकिन तिंगल रत्नी को उठवा लेना चाहता है।

गाँव वालों की बहादुरी से डाकू अपने इरादों में कामयाब नहीं हो पाते। रत्नी बच जाती है। उसकी मामी बुरी तरह भड़की हुई है क्योंकि डाकुओं ने उसके लड़के को ढाल बना लिया था। इस सारे उपद्रव के लिए वह रत्नी को दोषी मानती है। वह चाहती है कि रत्नी के हाथ पीले कर दिये जाये। लेकिन मामा इसका विरोध करता है। बार-बार अपने कारण मामा और उनके परिवार पर संकट आता देख रत्नी घर छोड़ने को निर्णय कर लेती है। वह गोविन्द के साथ चली जाती है। इस पर भी मामी बिगड़ जाती है। परन्तु रत्नी ने अन्ततः चरवाहे की उद्दाम, स्वतन्त्र ज़िन्दगी जीने का फैसला कर ही लिया।

इस कक्ष में दो बार डाकू आते हैं। एक बार लाठियों वाले डाकू जिनका मुकाबला गोविन्द बहादुरी से करता है। इन डाकुओं में नैतिकता बाकी है जबकि दूसरे डाकू बन्दूकों वाले हैं। यह एकांकी एक लड़की के उन्मुकता चुनाव को प्रस्तुत करता है।

चरवाहे

●

उपेन्द्रनाथ 'अश्क'

पात्र–परिचय

रत्नी : राय धनीराम (रत्नी के मामा)
किश्नी : कान्त
जसोदा : राजा
मामी : गोविन्द (चरवाहा, जो रंगमंच पर नहीं आता)
बुआ : बृन्दाबन
बिल्लू, कुन्तू, आदि

●

स्थान : दक्षिण पंजाब का एक गाँव
समय : दिन का तीसरा पहर

(पर्दा उठने से पहले बैकग्राउण्ड में दूर से चरवाहों के गाने को आवाज गूँजती हुई-सी आती है :)

हे जी, हाँ...आँ, हाँ...आँ, हाँ...आँ, हाँ
म्हारा जंगल का सब साज सदा रहती है दूब हरी
अरर, रर, रा
अरर, रर, रा
अरर, रर, रा
रहती है दूब हरी
सदा रहती है दूब हरी

(पर्दा धीरे-धीरे उठता है। रत्नी अपने कमरे की खिड़की में चुपचाप

खड़ी गाना सुन रही है। कमरा साफ़ और सलीके से सजा है। शहरी की अपेक्षा यह देहाती अधिक दिखायी देता है। तिपाई और कुर्सियों के अलावा एक छोटा-सा तख्त भी इसमें बिछा है। गाने की आवाज धीरे-धीरे दूर होती जाती है :)

किसे के रे, धन का भरे से खज़ाना
कोई रे, करता काम बेगना

रत्नी : **(कमरे में आकुलता से घूमते हुए अपने-आप)** चरवाहे गा रहे हैं–अपना अमर, आज़ाद, रस-भरा गीत! जी चाहता है, सब बन्धन तोड़ दूँ; इस रोज़-रोज़ की गुलामी से छुटकारा पा लूँ; सब कुछ दे कर आज़ादी ले लूँ–गाती फिरूँ; ढोर-डंगर चराती फिरूँ और दोनों बाँहें फैला कर जिन्दगी को अपने आलिंगन में भर लूँ।

(कान्त प्रवेश करता है।)

कान्त : किससे बातें कर रही हो रत्न?

(कुर्सी पर बैठ जाता है।)

रत्नी : (आँखें फैलाये, अभिभूत-सी खिड़की में देखती हुई) **चरवाहे गा रहे हैं–**

कान्त : कहाँ गा रहे हैं?

रत्नी : यह सुनो...यह सुनो...

कान्त : मुझे तो कुछ सुनायी नहीं देता।

रत्नी : **(आँखें खिड़की से हटा कर)** शायद वो दूर चले गये हैं। पर मैं अब भी उनका गीत सुन रही हूँ। वह मेरे कानों में अब भी गूँज रहा है। रस-भरी जिन्दगी का रस-भरा गीत!

कान्त : **(कुर्सी पर पीछे की ओर को लेटता हुआ)** रस-भरे गीत जिन्दगी की तल्ख़ियों से निकलते हैं।

रत्नी : **(जैसे अब भी गीत सुन रही है)** आज़ाद रूह का आज़ाद गीत!!

कान्त : आज़ाद कहाँ, रूह तो जिन्दगी की क़ैद में बन्द है। मौत इस क़ैद का दरवाज़ा है।

(रत्नी चुप रहती है, व्यग्रता से कमरे में घूमने लगती है।)

: और चरवाहे क्या आज़ाद हैं? **(होंठों में हँसता है)** हर आदमी को दूसरे की जिन्दगी सुखद और सुनहली दिखायी देती है। चरवाहे समझते होंगे, तुम रानी हो...

रत्नी : **(मुड़ कर व्यंग्य से हँसती है)** रानी...! **(खिड़की की सिल पर बैठ जाती है।)**

कान्त : और तुम समझती हो, चरवाहे अपने मन के राजा हैं। जहाँ चाहते हैं, जाते हैं; जो चाहते हैं, करते हैं। लेकिन भूख, प्यास, ग़रीबी...

रत्नी : इस गुलामी से वह ग़रीबी हज़ार दर्जे अच्छी है। यह रोज़-रोज़ का अपमान, ताने-मेहने, तन और मन की क़ैद!—तन-मन आज़ाद हों तो भूख-प्यास सही जा सकती है।

कान्त : **(हँस कर)** यह किसी भूखे से पूछो।

रत्नी : **(उतर कर व्यंग्य से)** तुमने अपनी आत्मा को बेच दिया है और अपने चचा के धन पर मौज उड़ाते हुए तुम अपमान सह लेते हो...

कान्त : रत्नी...!

रत्नी : तुमने अपनी रूह को स्वयं गुलाम बना रखा है अैर इस गुलामी के लिए दलीलें ढूँढ़ निकाली हैं और तुम कवि कहलाते हो! काश कवि न हो कर तुम केवल एक चरवाहे होते!!

कान्त : **(खोखला ठहाका लगाता है और उठ कर कमरे में घूमता है)** चरवाहा! **(हँसता है)** मैं चरवाहा ही तो हूँ। कल्पनाओं के ढोर चराता हूँ। प्रायः वे बिखर-बिखर जाते हैं। किन्हीं अनजानी खेतियों में चले जाते हैं। मैं फिर खोज-खोज कर उन्हें इकट्ठा करता हूँ।

रत्नी : **(फिर जा कर खिड़की में खड़ी हो जाती है और कुछ क्षण चुपचाप बाहर शून्य में देखती है। फिर मुड़ कर दबी हुई घृणा से)** तो तुम कल्पनाओं के डंगर ही चराया करोगे, जिन्दगी के ढोर हाँकना तुम्हारे भाग्य में नहीं। कल्पना, कल्पना, कल्पना और बस—गोविन्द को देखा था...

(बिल्लू कन्धे पर बस्ता लटकाये दरवाज़े से झाँकता है)

बिल्लू : रत्नी, गोविन्द आ गया।

रत्नी : **(अतीव उत्सुकता से)** कहाँ है?

बिल्लू : थाने में है। शायद डाकू पकड़े गये हैं। हथकड़ियाँ पहने खड़े थे। मैंने स्कूल से आते हुए देखा उन्हें! **(फिर मुँह फेर कर चला जाता है।)**

रत्नी : **(अपनी बात को जारी रखते हुए)** वह कभी भूखा-प्यासा हो सकता है। तन ढाँपने के लिए उसके पास कपड़ों की कमी हो सकती है। लेकिन उसकी रूह आज़ाद है और आज़ाद रूह का चमत्कार देखा...

कान्त : **(खिन्न हँसी से)** चमत्कार?

रत्नी : यह चमत्कार नहीं तो और क्या था! डाकू हमारे मकान पर चढ़े फ़ायर कर रहे थे और सारे गाँव वाले, अपने-अपने मकानों के किवाड़ लगाये, लिहाफ़ों में दुबक गये थे।

कान्त : मैंने फ़ायरों की आवाज नहीं सुनी।

रत्नी : तुमने अपने झरोखे भी बन्द कर लिये होंगे। **(किश्नी बस्ता लिये प्रवेश करती है और चुपचाप पुस्तकें अलमारी में रखती है।)**

रत्नी : वह किसी चमत्कार से कम न था। उस समय किसका साहस था, जो घर से बाहर निकलता, लेकिन गोविन्द को जब पता चला कि राय धनीराम का मकान लूटा जा रहा है तो वह दो साथियों को ले कर निधड़क चल पड़ा। डाकुओं ने आते-आते मकानों की कुण्डियाँ बाहर से लगा दी थीं। उन्होंने धीरे-धीरे सब कुण्डियाँ खोल दीं और अपने साथियों को जगाया। उन्हें फटकारा कि उनके शाह का मकान लूटा जा रहा है और वो घरों में दुबके पड़े हैं। क्या इस तरह चुप बने रहने से उनका माथा सदा के लिए झुक न जायगा, किसी दूसरे गाँव वालों के सामने क्या वो छाती तान कर चल सकेंगे? दंगलों में गबरुओं को ललकार सकेंगे? और सब को साथ ले कर वह डाकुओं की प्रतीक्षा में गाँव के मोहाने पर जा खड़ा हुआ।

कान्त : मैं रात देर तक पढ़ता रहा, इसलिए सो गया था।

रत्नी : तुम जाग कर भी क्या कर लेते? जब सारा गाँव बाहर आ गया था, तुम तब भी न आये।

कान्त : मैं...मैं...

रत्नी : **(व्यंग्य से)** तुम अपनी कल्पना के ढोर चरा रहे होगे! **(झुरझुरी-सी लेती है)** मैं उम्र-भर वह दृश्य नहीं भूल सकती। डाकू सामान से भरी हुई मोटर तो ले गये, लेकिन उनके चार साथियों को गोविन्द और उसके मित्रों ने उलझा लिया और लड़ाई **(फिर झुरझुरी लेती है)** मैं कभी नहीं भूल सकती।

किश्नी : **(पुस्तकें रखते-रखते मुड़ कर)** सिर पर तवे बाँध कर आये थे डाकू!

रत्नी : और फिर उनकी लाठियाँ पोरों वाली थीं—सरियाँ पड़ी हुई थीं उनमें, जिस पर एक पड़ जाती, वह फिर न उठता। शोर सुन कर दूसरे गाँव वाले भी आ गये, लेकिन किस में दम था, जो उनके सामने टिक पाता—ऐसी लाठी चलाते थे डाकू **(लम्बी साँस लेती है।)** वह साँहसी मर गया, पर उसकी बहादुरी मैं कभी न भुला सकूँगी। बिजली की-सी तेजी से उसकी लाठी घूमती थी। मुझे याद है, तीन बार डाकुओं ने गाँव वालों को पीछे धकेल दिया—अगर एक लाठी की चोट से गिरता, तो चार भय ही से गिर पड़ते—गोविन्द के सारे साथी घायल हो गये, लेकिन वह डटा रहा और वही था, जिसने उस साँहसी को मार गिराया। मरते समय उसने कहा था, 'मैं उस बहादुर को एक नज़र देखना चाहता हूँ, जिसने मुझे गिराया है।'

किश्नी : पचास डाके अब तक वह डाल चुका था।

रत्नी : मरने से पहले गोविन्द के हाथ पर अपना हाथ रख कर साँहसी ने कहा था, 'जिन्दगी का ही मेला उठ गया दोस्त, नहीं तू मेरे साथियों में होता।'

(जोश में एक-दो बार कमरे में चक्कर लगाती है। किश्नी पुस्तकें रख कर जाने लगती है।)

: **(किश्नी से)** किश्नी ज़रा देखना गोविन्द थाने से आया है या नहीं?

किश्नी : मुझे तो भूख लगी है। मैं पहले जा कर खाना खाऊँगी, भूखी ही पाठशाला चली गयी थी।

रत्नी : बड़ी अच्छी है मेरी किश्नी बहन! ज़रा देखना तो जा कर। मैं जानना चाहती हूँ, कितने डाकू पकड़े गये हैं और कितने रह गये हैं।

किश्नी : गोविन्द की बहन अभी यहाँ आयेगी। वह आते-आते ज़रूर ही पता ले कर आयेगी। मैं तो जा रही हूँ।
(चली जाती है।)

रत्नी : गोविन्द एक को भी न छोड़ेगा। उसने कहा था—'रत्नी, मैं एक-एक डाकू चुन लाऊँगा। पुलिस के भरोसे रहे तो मिल चुके डाकू, और शाहजी अभी तक आये नहीं!' और वह अपने साथियों को ले कर पुलिस के साथ चला गया।—उसका शरीर लहूलुहान हो गया था। मैंने उसकी मरहमपट्टी की तो हँस कर कहने लगा—'ये तो साधारण चोटें हैं रत्नी, ऐसी तो खेल-खेल में आ जाती हैं।'

कान्त : **(व्यंग्य से हँस कर)** जब तुम-जैसी कोई सुन्दरी पट्टी बाँध रही हो तो नुवा ज़ख़्मियों के गहरे घाव भी साधारण ख़रोंचें बन जाते हैं।

रत्नी : बेकार बैठे-बैठे तुम बिस घोलते रहते हो और बस—

कान्त : **(उठता हुआ)** बिस...
(हँसता है और खिड़की में जा खड़ा होता है।)

रत्नी : और मैं कई बार सोचती हूँ, राजा होता तो उसका बल देखती, बड़ी डींगें मारा करता है। गोविन्द को लड़ते देखता तो लाठी उठाना छोड़ देता।

कान्त : राजा!

रत्नी : वह हमेशा अपने बल-पराक्रम के बारे में गप्पें हाँका करता है। होता तो उसकी भी परीक्षा हो जाती।

कान्त : राजा बलवान है।

रत्नी : जब तक अवसर न पड़े, सभी बलवान होते हैं।

कान्त : लेकिन अब तक तो तुम उसके बल-पराक्रम के गीत

गाया करती थीं। मैं तो भला एक दुबला-पतला, कल्पना की दुनिया में बसने वाला आदमी हूँ, पर राजा तो...

रत्नी : मैंने पराक्रम का नाम सुना था, उसे आँखों से देखा न था। (**फिर झुरझुरी लेती है**) मैं कभी नहीं भूल सकती। जब से मैंने होश सँभाला है, मैंने ऐसी लड़ाई नहीं देखी। किस्से-कहानियों में ज़रूर डाकुओं का हाल पढ़ती थी–सोचा करती थी–किस तरह दस-पन्द्रह डाकू सारे गाँव को डरा कर सब कुछ लूट-खसोट कर ले जाते हैं, लेकिन उस रात मैंने स्वयं देखा...

कान्त : तुम रात की बात करती हो। वो दिन-दहाड़े सब कुछ लूट ले जाते हैं।

(**खोखली हँसी हँसता है।**)

रत्नी : (**अपनी बात जारी रखते हुए**) अभी मेरी आँख लगी ही थी कि मैंने बन्दूकों की आवाज सुनी। इसके बाद ऐसा लगा, जैसे सारे गाँव को साँप सूँघ गया हो। नम्बरदार के घर से ग्रामोफ़ोन बजने की आवाज आ रही थी। सदना अपनी तरंग में मस्त गा रहा था, लेकिन बन्दूक की आवाज सुनते ही सब दम साध कर रह गये। मेरा जी धड़कने लगा। मैंने करवट बदली। फिर बन्दूक के फ़ायर की आवाज आयी। रात के सन्नाटे में वह आवाज दूर तक गूँजती हुई चली गयी। और फिर सन्नाटा जैसे और भी गहरा हो गया। ऐसा मालूम हुआ, जैसे हवा भी डर कर रुक गयी हो। मेरा दिल बैठने-सा लगा। जी कड़ा करके मैं उठी और खिड़की में आयी।

कान्त : लेकिन मैंने सुना कि बलबीर बाहर बैठा था। शोर न मचाया उसने?

रत्नी : बलबीर ने चोर-बत्ती जलायी थी और उसके प्रकाश में मैंने देखा, दस-बारह आदमी सिरों पर मुँड़ासे बाँधे आ रहे हैं। उनके चेहरे मुँड़ासों के कारण दिखायी न देते थे। आगे-आगे चलने वालों के हाथों में बन्दूकें थीं। उनमें से एक ने फ़ायर किया। मैंने आँखें बन्द कर लीं–दूसरे क्षण मैंने देखा–बलबीर की मुश्कें कसी हुई हैं। सहसा

सब कुछ मेरी समझ में आ गया। मैं भाग कर मामी के कमरे में गयी, लेकिन इससे पहले कि मैं मामी से कुछ कहती, डाकू आ गये।

कान्त : मामी ने शोर न मचाया?

रत्नी : उनके पास बन्दूकें थीं। 'किसी ने चूँ भी की तो उसे गोली मार दी जायगी,' उन्होंने कहा और बन्दूक दिखा कर चाबियाँ माँगीं। मामी ने कहा, 'हमारे आदमी चाबियाँ ले गये हैं। हमारे पास चाबियाँ कहाँ?' तब डाकू बँधे हुए बलबीर को ले आये और उसे धरती पर लिटा दिया—इससे पहले कि डाकू बन्दूक उठाते, मामी ने चाबियाँ फेंक दीं।—चार लड़कियों के बाद तरस-तरस कर पाया हुआ बेटा—'इसे कुछ न कहो, जो लेना है ले जाओ,' मामी ने कहा और दोनों हाथों से चेहरा ढँक लिया।...गैरेज से डाकुओं ने मोटर निकाली और सामान लूटने लगे। एक डाकू बन्दूक ले कर हमारे सामने खड़ा रहा—नाटा-सा कद, मैला-फटा तहबन्द और कमीज़—मैं समझती थी—डाकू बहुत भयानक, लम्बे-तगड़े, राक्षसों-से डरावने होते होंगे, लेकिन उसे देख कर तो मुझे निराशा हुई। एक-दो बार मेरे जी में आयी कि एक ही बार उछल कर उसे गले से पकड़ लूँ और उसका गला इतना घोंटूँ, इतना घोंटूँ कि उसका दम निकल जाय। लेकिन फिर यह सोच कर मैंने अपने-आपको रोका कि डाकू कहीं बलबीर ही को न मार दें। बस डाकुओं ने सब कुछ लूटा और मोटर में डाल कर चल दिये।

कान्त : **(खिड़की में बैठा सिर्फ़ टाँगें हिलाता है)**

रत्नी : **(कमरे में चुपचाप एक-दो चक्कर लगा कर)** जब वो ज़रा दूर चले गये तो मामी ने चिल्लाना शुरू किया। तब लोग घरों से बाहर निकले और 'क्या हुआ,' 'क्या हुआ,' कहते हुए इकट्ठे हो गये। **(अतीव उपेक्षा से)** भगोड़े! मुझे उन पर बेहद गुस्सा आया। मन में आयी कि बन्दूक हाथ में हो तो सबको भून कर रख दूँ।

(आवेश में एक-दो बार फिर कमरे में घूमती है।)

: तभी एक आदमी भागा-भागा आया और उसने बताया कि गोविन्द और उसके साथियों ने डाकुओं को घेर लिया और फिर जो जिसके हाथ में आया, ले कर भागा। मैं भी इस भीड़ में चुपचाप खिसक गयी—राजा होता तो देखती, उसमें कितना बल है। तुम कहते हो वह बहादुर है, पर अखाड़ों की वीरता और लड़ाई की वीरता में अन्तर है। अखाड़ों में अपनी लाठियों के चमत्कार दिखाने वाले कई बलवान उस दिन जी छोड़ गये।

कान्त : **(चुपचाप सीटी बजाता है।)**

रत्नी : धन की गोद में पली हुई बहादुरी, कायरता का ही दूसरा नाम है।

कान्त : **(व्यंग्य से हँसता है)**

रत्नी : **(चीख़ कर)** क्या मैं ग़लत कहती हूँ?

कान्त : **(खिड़की से उतर कर सिर नीचा किये हुए कमरे में घूमता है)** पंछी को पर लग गये हैं। वह अब बहुत देर तक घोंसले में न रहेगा।

रत्नी : क्या कहते हो? तुम्हारी बातें मेरी समझ में नहीं आतीं।

कान्त : वो तुम्हारी समझ में आने के लिए हैं भी नहीं।

रत्नी : फिर?

कान्त : सोचता था कहीं तुम स्वयं डाकुओं में शामिल न हो जाओ!

रत्नी : **(हँसती है)** मैं...डाकू...

कान्त : तुमसे डाके का हाल सुनते-सुनते ऐसा लगा, जैसे तुमने इस डाके में रस लिया है, जैसे इस डाके से तुम्हें ज़रा भी भय नहीं लगा।

रत्नी : भय, मुझे...

कान्त : तुम्हारी मामी अचेत हो-हो जाती हैं; तुम्हारे घर पर सहम छाया हुआ है; सारा गाँव भय के मारे जैसे सिकुड़ रहा है, लेकिन तुम...

रत्नी : डाकू तो पकड़े गये हैं और जो हैं, वो पकड़े जायँगे।

कान्त : लेकिन...

रत्नी : और शायद सामान भी मिल जाय।

कान्त : लेकिन तुम...

रत्नी : मैं उनकी बहादुरी को सराहे बिना नहीं रह सकतीं **(झुरझुरी-सी लेती है)** मैं कभी नहीं भूल सकती वह...

कान्त : और यदि वो तुम्हें उठा कर ले जाते?

(जसोदा जल्दी-जल्दी प्रवेश करती है।)

जसोदा : कुछ सुना तुमने रत्नी?

रत्नी : क्या?

जसोदा : डाकू तुम्हें उठाने आये थे।

रत्नी : तुमसे किसने कहा?

जसोदा : सारे गाँव में इस बात की चर्चा हो रही है! और भैया गोविन्द ने भी यही बताया। बाकी सब डाकू पकड़ लिये गये हैं—एक चिड़ीचाँदी का था, दो माजरे के थे और एक हमारे गाँव का था...

रत्नी : हमारे ही गाँव का?

जसोदा : बस डाका डलवाने के बाद चुपचाप अपने घर में जा कर सो रहा।

रत्नी : पर था कौन?

जसोदा : तिंगल।

कान्त-रत्नी : तिंगल!!

जसोदा : हाँ, तिंगल—चरवाहा!

रत्नी : नीच! मैं समझती थी अब वह सुधर गया है। जब भी उसके बाड़े के पास से गुज़रती थी, तरह-तरह की आवाजें कसा करता था। कुछ दिन तक तो मैं चुप रही, फिर एक दिन मुझे गुस्सा आ गया। गर्दन से पकड़ मैंने उसे पीट दिया।

जसोदा : तभी, जब भैया गोविन्द से भी उसकी हाथापाई हो गयी थी।

रत्नी : और मामी ने मुझ पर सौ-सौ लांछन लगाये थे।

जसोदा : हाँ! तभी से वह तुमसे खार खाये बैठा है। गोविन्द ने बताया कि तिंगल ने डाकुओं को इस शर्त पर ही तुम्हारे घर का सब भेद बताने का वचन दिया था कि वो घर को लूटने के अलावा तुम्हें उठा कर ले जाने में भी उसकी

सहायता करें और भैया तो बताते थे कि असल में तिंगल ही डाकुओं को बुला कर लाया था।

रत्नी : कमीना!

जसोदा : डाकुओं ने उससे वादा किया था कि वो तुमको उठाने में उसकी सहायता करेंगे—पर अपना काम निकाल कर उन्होंने तुम्हें उठा कर ले जाने से इनकार कर दिया। 'धन-माल तो छिपाया जा सकता है,' उस साँहसी ने कहा था, 'पर इसे कहाँ छिपा कर रखेंगे?'...अभी तुम्हारे मामा के सामने थाने से एक डाकू ने यही बयान...

कान्त : रत्नी के मामा आ गये?

रत्नी : **(अत्यन्त उपेक्षा से)** कमीना...

कान्त : **(ज़रा हँस कर)** अब तुम उसको चाहे हज़ार गालियाँ दे लो, लेकिन अगर वो तुम्हें उठा कर ले जाते...

(हँसता हुआ चला जाता है।)

रत्नी : अगर वो मुझे उठा कर ले जाते **(मुट्ठियाँ भींच कर)** अगर वो मुझे उठा कर ले जाते **(मुट्ठियाँ ढीली छोड़ देती है।)** मैं ख़ुश होती...

जसोदा : क्या कहती हो रत्न?

रत्नी : **(आर्द्र कण्ठ से)** तुम्हें मालूम नहीं जसोदा। ज्योंही मामी को इस बात का पता चलेगा, वो सारा दोष मुझी पर थोप देंगी। पहले ही वो सदा मुझे कोसती रहती हैं कि जब से यह लड़की घर में आयी है, बिपत-पर-बिपत आ रही है—बलबीर को ज़ुकाम हो ज़ाये, मामा को व्यापार में घाटा आ जाये, मामी की कमर दुःखने लगे, किश्नी परीक्षा में फ़ेल हो जाये—सब मेरे कारण **(सिसकती है)** मैं कहती हूँ—मामाजी क्यों मुझे मेरी मरती हुई माँ की छाती पर से उठा लाये? क्यों न मुझे उसके साथ ही मर जाने दिया **(और भी ज़ोर से सिसकती है।)** क्या मुझे इस तरह रात-दिन सूइयाँ चुभोने के लिए! रात-दिन मेरे दिल में कचोके देने के लिए—

जसोदा : सबर करो...

रत्नी : वो तो पहले ही तीन दिन से मेरी बुरी किस्मत को, मनहूस साये को कोस रही हैं। जब उन्हें पता चलेगा कि यह डाका तिंगल ने मेरे ही कारण डलवाया है, तो क्या वो मुझे जीने देंगी। जानती हो, जब मैंने तिंगल के मुँह पर थप्पड़ मारा था तो उन्होंने मेरी कितनी बदनामी की थी। और अब...अब वो क्या-क्या बातें न बनायेंगी।

(बैकग्राउण्ड में दूर चरवाहों के गाने की आवाज आती है, जो धीरे-धीरे निकट आती जाती है।)

हे जी, हाँ...आँ, हाँ...आँ, हाँ...आँ, हाँ
म्हारा जंगल का सब साज सदा रहती है दूब हरी
अरर, रर, रा
अरर, रर, रा
अरर, रर, रा
रहती है दूब हरी
सदा रहती है दूब हरी

रत्नी : **(दीर्घ निश्वास छोड़ती है)** ओह! कहीं मैं इन चरवाहों की तरह आज़ाद–इन रोज़-रोज़ के तानों, मेहनों, कोसनों और लांछनों से आजाद, इस गुलामी की जिन्दगी से मुक्त–नाचती-गाती घूम सकती। **(अचानक मुड़ती है)** तुम्हारे भैया अभी घर नहीं आये जसोदा?

जसोदा : भैया आ गये हैं। उन्हीं का सँदेसा ले कर तो मैं आयी थी। उन्होंने कहा है–रत्नी से कहना, मैंने अपना वादा पूरा कर दिया है।

रत्नी : तुम उनसे जा कर कह दो–मैं मिलने आती हूँ, कहीं जायें नहीं।

जसोदा : भैया ने कहा था–रत्नी से कहना, यदि आये तो मुझे बालू के कुएँ के पीछे, शिव के मन्दिर में मिले।

रत्नी : बालू के कुएँ के पीछे? बालू के किस कुएँ के पीछे?

जसोदा : वही, जो स्टेशन के पास है। घर पर तो भीड़-सी लगी रहती है। एक आता है, एक जाता है।

रत्नी : तुम जाओ। कहना मैं अभी दस मिनट में आ रही हूँ। मैं तो उनसे बहुत-कुछ पूछना चाहती हूँ। कितने डाकू पकड़े

गये, किस तरह पकड़े गये—सब कुछ मैं उनसे सुनना चाहती हूँ।

(जसोदा चली जाती है, चरवाहों के गाने का स्वर और भी निकट आ जाता है।)

किसे के रे मोटर घोड़ा स रे गड्डी
किसे के रे सुन्दर महल सै रे मड्ढी
म्हारा मन का तखत रे ताज, करेंगे हो बेड़ा पार हरी
हे जी, हाँ...आँ, हाँ...आँ, हाँ...आँ, हाँ

(क्षण-भर के लिए चरवाहों का गाना रंगमंच पर छा कर परे चला जाता है।)

रत्नी : **(आवेग रो कमरे में तेज-तेज घूमती है)** ओह, ओह, मैं इस क़ैद में नहीं रह सकती। यह रोज़-रोज़ का तिरस्कार नहीं सह सकती। अभी मामी को पता लग जायेगा कि तिंगल मेरे ही कारण डाकुओं को बुला लाया था और फिर सभी कोसने जाग उठेंगे और ज़हर में बुझे हुए तीरों की तरह मेरी नस-नस छेदेंगे।

(बाहर से मामी और मामा के बातें करने की आवाज आती है :)

मामी : मैं तो पहले ही कहती थी कि यह कुलच्छिनी इस घर में रही तो न जाने कौन-कौन-सी मुसीबत का मुँह हमें देखना पड़ेगा।

रत्नी : **(जल्दी से बायीं ओर के दरवाज़े से निकलती हुई)** बिस-भरी ज़बान लिये मामी इधर ही आ रही हैं।

मामा : **(बाहर से)** इसमें उस बेचारी का क्या दोष है?

मामी : **(बाहर से)** उसका नहीं तो और किसका है। न जाने दिन-भर कहाँ-कहाँ आँखें मटकाती फिरती है! हया-शरम तो जैसे बेच कर खा ली है उसने।

(रत्नी के मामा, राय धनीराम, मामी, बुआ, कान्त, कुन्तू और एक-दो स्त्रियाँ प्रवेश करती हैं। मामी और मामा आगे-आगे हैं और बाकी सब पीछे-पीछे। मामा, कान्त और बुआ कुर्सियों पर बैठ जाते हैं। मामी खिड़की में बैठती हैं। शेष सब खड़े रहते हैं।)

मामा : **(कुर्सी पर बैठते हुए)** बलबीर की माँ, तुम कैसी बातें करती हो!

मामी : **(मुँह बिचका कर)** मेरी बातें तो आपको सदा ज़हर लगती हैं। सयानी लड़की घर में आराम से बैठती है, इसकी तरह गलियों की धूल नहीं छानती फिरती। मेरा माथा तो उसी दिन ठनका था, जिस दिन तिंगल के मुँह पर इस निर्लज्ज ने थप्पड़ दे मारा था। उसी दिन मैंने कहा था कि यह कमबख़्त ज़रूर कोई-न-कोई बिपत लायेगी। मेरे भी तो आख़िर लड़कियाँ हैं, उन्हें कोई क्यों नहीं छेड़ता **(और भी मुँह बिचका कर)** मक्खियाँ वहीं मँडराती हैं, जहाँ शहद होता है।

मामा : तुम क्यों फ़जूल ही उसे कोस रही हो। किसी में साहस होता है, किसी में नहीं। कोई किसी दुष्ट की दो बातें सुन कर चुप रह जाती है, कोई चुप नहीं रह सकती।

मामी : आपके बढ़ावे ही ने तो उसे इतना साहस दिलाया है कि वह हर ऐरे-ग़ैरे के मुँह आती है, फिर तिंगल...

मामा : **(कुर्सी से उठते हुए जल कर)** तिंगल बदमाश है।

मामी : **(मुँह बिचका कर)** और यह भली-मानस! एक बिगड़े बदमाश चरवाहे से उलझना कहाँ की भलमनसाहत है। भली लड़कियाँ अपने मानापमान का ध्यान रखती हैं। कोई ऐसी-वैसी बात हो जाय तो लाज से मर जाती हैं। इसकी तरह गुण्डों से उलझती नहीं फिरतीं। 'ढिंढोरा नहीं पीटती फिरतीं।' **(और भी मुँह बिचका कर)** पा लिया न अपनी इस लाड़ली की भलमनसाहत का फल! **(रोने लगती है)** ना भाई, मुझको ऐसी भलमनसाहत नहीं चाहिए। अब तो ईश्वर की कृपा से सब कुछ मिल गया। नहीं, हम तो लुट गये थे **(और भी भरे गले से)** जब डाकुओं ने बलबीर को धरती पर लिटा दिया और बन्दूक चलाने लगे तो मेरे हाथ-पाँव फूल गये। ना बाबा, यह भल-मनसी हमें रास न आयेगी। आज तिंगल आया है, कल कोई और चढ़ दौड़ेगा।

मामा : **(फिर कुर्सी पर बैठते हुए)** तो क्या मैं उसे भट्ठी में झोंक दूँ?

मामी : भट्ठी में झोंकने को कौन कह रहा है। सियानी हो गयी है, हाथ पीले कर दो! अपने घर जाय और हमारे घर से यह बला टले।

कान्त : बला...

(व्यंग्य से हँसता है।)

मामी : तुम नहीं जानते बेटा, जब से यह कुलच्छिनी आयी है, घर पर बीमारी और बिपत की छाया मँडरा रही है। इतने दिन हो गये, सुख-शान्ति से बीत रही थी। कभी काहे को ऐसी बातें देखी-सुनी थीं, और आप उठा लाये इसे। भला इसके ददिहाल वाले मर गये थे! **(सब को सुना कर)** बिल्ली के भागों छींका टूटा, इधर ये लड़की उठा लाये, उधर इनके बहनोई ने दूसरा ब्याह कर लिया।

कान्त : लेकिन मामी जी...

मामी : तुम नहीं जानते बेटा, कई बच्चों की छाया अशुभ होती है। कई बच्चे आते हैं सुख और सम्पन्नता साथ लाते हैं, कई आते हैं रोग और बिपत लाते हैं। राधा की भतीजी ही को देख लो। जब से घर में आयी, बेचारी पर बिपत के पहाड़ टूट पड़े। पहले पति मरा, फिर देखते-देखते जवान बेटा हैज़े का शिकार हो गया, फिर चरनी पर खड़ी-खड़ी दोधार गाय अफारे से गिर कर मर गयी। वह तो भगवान की दया से जल्दी ही राधा को उससे छुटकारा मिल गया, नहीं तो जाने और कौन-सी विपत्तियाँ टूटतीं उसके घर पर!

मामा : अच्छा हुआ जल्दी मर गयी। नहीं जाने कितनी दुर्दशा होती उसकी।

मामी : **(सुनी-अनसुनी करके)** और फिर ले ही आये थे तो पाला-पोसा, अब उसे कहीं किनारे लगायें।

मामा : तो कहाँ भाड़ में झोंक दूँ। लड़का भी मिले। यों ही कहीं ऐसी-वैसी जगह ब्याह दूँ, लड़की की सारी उम्र रोते बीत जाय और बहन की आत्मा...

मामी : (**मुँह बिचका कर**) बहन होती तो न जाने किस राजकुमार से अपनी इस बेटी का ब्याह करती!

(बैकग्राउण्ड में गाड़ी के स्टेशन पर आने और रुकने की आवाज आती है। इंजन 'शाँ-शाँ' करता है।)

मामा : शाम की गाड़ी तो आ गयी। वृन्दावन आ ही रहा होगा। जब डाके का समाचार मिला तो हम बैठे हिसाब-किताब देख रहे थे। उसने कहा—'तुम चलो मैं अभी तुम्हारे पीछे गाड़ी में आता हूँ।'

बुआ : मैं कहती हूँ बेटा, राजा के पिता से क्यों नहीं पूछ देखते रत्नी के लिए?

मामा : लड़का कुछ नये विचारों का है बुआ। मैं नहीं चाहता कि वह इनकार कर दे। एक बार बातों-बातों में मैंने अपनी शान्ता के लिए उसका दिल टटोला था। उसने कहा था—'चाचा जी मैं अभी शादी ही नहीं करना चाहता।' गाँव का मामला है और बात कह कर मैं गँवाना नहीं चाहता।

(बैकग्राउण्ड में गाड़ी की सीटी और फिर उसके चलने की आवाज आती है।)

कान्त : लेकिन दो साल में तो—वह किसी ने कहा है न—पुल के नीचे से काफ़ी पानी निकल जाता है।

बुआ : माँ-बाप का इकलौता लड़का है। मन आये, सो करता है। बातों-बातों में मुझे कुछ ऐसा लगा कि वह रत्नी को पसन्द करता है, यदि तुम उसके पिता से पूछ देखते...

(राजा जल्दी-जल्दी प्रवेश करता है, साँस फूली हुई है।)

राजा : मैंने यह क्या सुना चाचाजी? यह किस बदमाश का काम है? पिछले पचास बरसों से गाँव में कभी ऐसी दुर्घटना नहीं हुई। मैं तो माजरे गया हुआ था, वहीं मुझे पता चला। उसी क्षण कार ले कर चल पड़ा। कुछ पता चला डाकुओं का। चोरी-यारी तो वसीले के बिना होती नहीं। किसी पर सन्देह है आपको? मैं तो सालों का...

मामा : तुम्हारी कृपा है बेटा। तिंगल की बदमाशी थी। उसी ने डाकुओं को बुलाया और उन्हें भेद बताया था, लेकिन

गोविन्द ने बड़ी बहादुरी से मुकाबला किया। सारे डाकू पकड़ लिये हैं और सामान भी मिल गया है।

राजा : मैं होता तो एक को भी न जाने देता। सबको भून कर रख देता।

कान्त : उनमें से भी कुछ के पास बन्दूकें थीं। रत्नी कहती थी...

राजा : कहाँ है रत्नी, उसे देखा नहीं। क्या कहती थी वह...

(बृन्दाबन घबराया हुआ प्रवेश करता है।)

बृन्दाबन : मैं कहता हूँ धनीराम, यह रत्नी गोविन्द के साथ कहाँ गयी है?

मामा : रत्नी?

राजा : गोविन्द के साथ...!

बृन्दाबन : मैंने अभी चलती गाड़ी में उसे गोविन्द के साथ बैठे देखा।

मामा : **(उठ कर)** क्या कहते हो?

बृन्दाबन : हम गाड़ी से उतर कर बातें करते हुए लाइन-लाइन चले आ रहे थे कि गाड़ी हमारे पास से गुज़री और हमने रत्नी और गोविन्द को एक डिब्बे में साथ-साथ बैठे देखा। मुझे देखते ही रत्नी चौंक कर पीछे हटी, लेकिन मैंने उसे पहचान लिया।

मामा : **(चीख़ कर)** कुन्तू मोटर तैयार कर!

(जल्दी-जल्दी निकल जाते हैं।)

मामी : मैं तो पहले ही कहती थी कि यह लड़की कुल को कालिख लगायेगी।

(माथा ठोंकती हुई निकल जाती है। सब उसके पीछे-पीछे चली जाती हैं।)

रजा : रत्नी गोविन्द के साथ भाग गयी—उस फटे-हाल चरवाहे के साथ, जिसका काम अपने चचा के ढोर-डंगर चराना है।

कान्त : जब चचा किसी अनाथ भतीजे की ज़मीन-जायदाद दबा ले तो ग़रीब भतीजे के लिए इसके अतिरिक्त और चारा भी क्या रह जाता है! और फिर रत्नी तो चरवाहों की जिन्दगी पसन्द करती है। अभी कुछ देर पहले वह कहती थी...

राजा : **(गरज कर)** मैंने लड़कपन में बहुतेरे ढोर चराये हैं और मैं जानता हूँ, जब मेरी गाय को कोई दूसरा हाँक कर ले जाय तो मुझे क्या करना चाहिए।

(तेजी से निकल जाता है।)

कान्त : **(उठ कर अँगड़ाई लेता हुआ)** जिन्दगी...जिन्दगी...जवानी!

(बैकग्राउण्ड में चरवाहों के गाने की आवाज आती है, जो धीरे-धीरे स्टेज पर छा जाती है :)

हे जी, हाँ...आँ, हाँ...आँ, हाँ...आँ, हाँ

(कान्त की जम्हाई के मध्य पर्दा गिर जाता है।)

1942 ई.

विष्णु प्रभाकर

विष्णु प्रभाकर का जन्म 21 जून, 1912 ई. को मीरापुर, ज़िला मुज़फ़्फ़रनगर, उत्तरप्रदेश में हुआ। सन् 1955 से 1957 तक आकाशवाणी के दिल्ली केन्द्र पर नाटक निर्देशक के पद पर रहे। उसके बाद नौकरी छोड़ स्वतन्त्र रूप से लिखने लगे। लेखन में बचपन से ही रुचि थी। नियमित लेखन सन् 1934 से आरम्भ हुआ। विष्णुजी की प्रकाशित रचनाओं में 6 उपन्यास, 19 कहानी-संग्रह, 3 लघुकथा-संग्रह, 16 नाटक, 3 रूपान्तर, 16 एकांकी नाटक, 2 अनूदित नाटक, रूपक-संग्रह, 14 जीवनी और संस्मरण, 4 यात्रा-वृतान्त, 2 विचार निबन्ध, 11 बाल-नाटक व एकांकी-संग्रह, 2 जीवनियाँ, 12 बालकथा-संग्रह और 19 विविध पुस्तकें आदि हैं। एक उपन्यास, तीन कहानी-संग्रह, दो नाटक, दो जीवनी व संस्मरण चार बाल व प्रौढ़ साहित्य रचनाएँ पुरस्कृत हो चुकी हैं।

विष्णु प्रभाकर की प्रमुख रचनाओं में 'कोई तो' तथा 'स्वप्नमयी' आदि उपन्यास; 'आदि और अन्त', 'संघर्ष के बाद', 'धरती अब भी घूम रही है', 'ढलती रात' आदि कथा-संग्रह; 'डॉक्टर', 'युगे-युगे क्रान्ति', 'नवप्रभात' आदि नाटक; 'प्रकाश और परछाई', 'ये रेखाएँ ये दायरे' और 'मेरे श्रेष्ठ एकांकी' एकांकी संग्रह हैं। इसके अतिरिक्त इनकी 'तट के बन्धन', 'निशिकान्त', 'दर्पण का व्यक्ति', 'आवारा मसीहा', 'पुल टूटने से पहले', 'कुहासा और किरण', 'जाने अनजाने' आदि कृतियाँ भी प्रसिद्ध हैं।

एकांकी का सार : 'ममता का विष'

यह विष्णु प्रभाकर का एक मनोवैज्ञानिक एकांकी है, जिसमें एक सच्ची माँ की ममता को बड़ी मार्मिकता से प्रस्तुत किया गया है। इस नाटक की माँ चौदह पुत्रों को जन्म दे चुकी है, किन्तु उसके पास केवल एक बेटा बचा है, जिसका नाम सुशील है। वह भी बीमार रहता है। शेष पुत्र या तो काल-कवलित होते जाते हैं या 'मातृभूमि' की सेवा के लिए उसे छोड़ कर चले जाते हैं। वे कहते

हैं कि उनकी जन्म देने वाली माँ से भी एक बड़ी माँ है, जिसकी सेवा और रक्षा करना उनका धर्म है। पिता किसी पुत्र को जाने से नहीं रोकता, क्योंकि वह स्वयं आदर्शवादी व्यक्ति है।

सुशील भी अकसर बीमार रहता है लेकिन वह भी बातें तो माँ से दूर जाने की ही करता है, पर माँ नहीं चाहती कि सुशील उसे छोड़कर जाये। डॉक्टर सुशील का निरन्तर उपचार करता है, अच्छी-सी-अच्छी दवाएँ देता है, पर सुशील का बुखार नहीं उतरता। सुशील बार-बार कॉलेज जाने की बात कहता है, पर बुखार उसका पीछा नहीं छोड़ता। डॉक्टर को आश्चर्य होता है कि सुशील पर उसकी दवाओं का असर क्यों नहीं हो रहा? माँ उससे कहती है कि वह सुशील को नियमित रूप से दवाएँ दे रही हैं। फिर भी डॉक्टर को कुछ शंका होती है। वह रात को छिप कर सुशील को देखता है। सुशील का पिता उसकी मदद करता है। देर रात वे देखते हैं कि एक नारी छाया सुशील के पास आती है और उसकी दवाओं को चिलमची में फेंक देती है। डॉक्टर की समझ में सारा रहस्य आ जाता है। माँ नहीं चाहती कि सुशील उसे छोड़ कर जाये। इसलिए वह उसे दवाएँ देती ही नहीं। वह अपनी ममता के वशीभूत होकर ऐसा करती है। डॉक्टर सुशील के पिता से कहते हैं कि सुशील से पहले तो उसकी माँ का इलाज करना है, क्योंकि वह ममता के वशीभूत होकर अपने पुत्र का अहित कर रही है। एकांकी बहुत मार्मिक है तथा इसमें संवाद छोटे और प्रभावशाली हैं।

ममता का विष

●

विष्णु प्रभाकर

पात्र–परिचय

सुशील
सुशील की माँ
चन्द्रा
सुशील के पिता
डॉक्टर

[प्रारम्भिक संगीत के बाद तानपूरे पर ध्वनि मन्द से तीव्र होती है और तभी सुशील के खाँसने और कराहने का स्वर उभर कर छा जाता है। एक क्षण बाद वह पुकारता है।]

सुशील : माँ...माँ...माँ...आ...!

माँ : ***(दूर से आता स्वर)*** आयी बेटा, अभी आयी। दूध ला रही हूँ। ***(दूसरे क्षण पास आता स्वर)*** क्या बात है, बेटा?

सुशील : माँ, पिताजी अभी नहीं आये? कहाँ रह गये?

माँ : पता नहीं बेटा, कहाँ बैठ जाते हैं? शायद डॉक्टर के पास चले गये होंगे। क्यों, कुछ मँगाना था क्या?

सुशील : मैंने उनसे कॉलेज की फीस भेजने को कहा था। पता नहीं, भेजी या नहीं?

माँ : ***(चिहुँकती है)*** तुझे तो बेटा, बस एक ही बात की रट लग जाती

है। पहले अच्छा तो हो जा, फिर जाने की बात सोचना। तीसरी बार बुखार उतर कर चढ़ा है।

सुशील : माँ, तुम सदा शंका करती रहती हो। मैं अब बिल्कुल ठीक हूँ। इस बार उतर कर फिर नहीं चढ़ेगा।

माँ : मैं तो यही चाहती हूँ बेटा, तुझे बुखार कभी न चढ़े; पर हर बार डॉक्टर के कोशिश करने पर भी वह चढ़ ही आता है। न जाने भगवान हमें इतना कष्ट क्यों दे रहे हैं? न जाने हमारे भाग्य में क्या लिखा है?

सुशील : भाग्य में बहुत अच्छा लिखा है, माँ! मैं अगले हफ्ते कॉलेज जाऊँगा और फिर एक दिन डॉक्टर बनूँगा।

माँ : भगवान करे बेटा, तेरी भाखा फूले-फले और मुझे वह दिन देखने को मिले ***(सहसा गला रुँध जाता है)*** पर यह तो बता, अपने भाइयों की तरह तू भी तो मुझे छोड़ कर नहीं चला जायेगा?

सुशील : नहीं माँ, मैं यहीं रहूँगा।

माँ : इसी कस्बे में?

सुशील : हाँ माँ। इधर दूर-दूर तक कोई अच्छा डॉक्टर नहीं है। रोग बेरोक-टोक शिकार खेलते रहते हैं। भला, ऐसी हालत में देश कैसे उन्नति कर सकता है?

माँ : ***(चिहुँकती है)*** तुम्हें तो बेटा, बस देश की लगी रहती है। मैं कहती हूँ, देश की चिन्ता पीछे करना, पहले अपने को तो देख।

सुशील : माँ, मैं ही तो देश हूँ।

माँ : तुमसे कोई नहीं जीत सकता। आख़िर तुम ये बातें कहाँ से सीखते हो?

सुशील : तुमसे, माँ।

माँ : ***(चकित)*** मुझसे?

सुशील : ***(खाँसता हुआ)*** हाँ, माँ। तुम्हारे ही तो बेटे हैं। तुमने ही तो हमारा सृजन किया है।

माँ : बेटे तो तुम मेरे ही हो, पर मुझे तो ये सब बातें आती ही नहीं। फिर मुझसे कैसे सीखते हो?

सुशील : ***(हँस कर)*** तुम्हें पता नहीं माँ, तुम्हारे मन में ये सब बातें छिपी रहती हैं। ***(द्वार पर दस्तक होती है)*** कोई दरवाजा खटखटा रहा है। शायद पिताजी आये हैं। देखो तो माँ।

माँ : अभी जाती हूँ। तू दूध पी ले और लेट जा। डॉक्टर ने बहुत बोलने को मना कर दिया है।

सुशील : अच्छा माँ।

[माँ की दूर जाती पग-ध्वनि। दूसरे की क्षण वह बोलती-बोलती पास आती है।]

माँ : समझ में नहीं आता, मेरे बेटे होकर भी ये कैसी बातें करते हैं? हर वक़्त देश, कर्त्तव्य, मानवता की रट लगाये रहते हैं। यही रट लगाते-लगाते इसके सब भाई चले गये। यह भी चला जायेगा... यह भी चला जायेगा...सुशील, जो मेरी आख़िरी सन्तान है, जो मेरी आख़िरी आशा है। यह भी चला जायेगा।

[भावावेश में आ जाती है। तानपूरे पर संगीत उभरता है। द्वार पर दस्तक तेज होती है। माँ चौंक कर जोर से बोलती है–]

खोलती हूँ, अभी खोलती हूँ ***(किवाड़ खुलने का स्वर)***, बड़ी देर कर देते हो ***(चौंककर)*** कौन?

चन्द्रा : चाची, नमस्ते। मैं हूँ चन्द्रा।

माँ : चन्द्रा! अरे, तू कब आयी बेटी? नमस्ते बेटी, नमस्ते। भगवान तुझे सुखी रखे। तेरा सुहाग बना रहे। तू सतपुती हो। आ, अन्दर आ।

चन्द्रा : आयी, चाची। अभी शाम को ही आयी हूँ। माँ ने बताया कि सुशील तीन महीने से बुखार में पड़ा है। तीन बार उतर-उतर कर बुखार फिर चढ़ आया है। ऐसा कैसा बुखार है?

माँ : ***(रुँधा स्वर)*** क्या बताऊँ बेटी, कैसा बुखार है, मेरी तो वह बात है बेटी, न जीने का सुख, न मरे का दुःख। न जाने मेरी मौत कहाँ छिपी है? आँख मिंच जायें तो दुनिया का जंजाल छूटे। जीते-जी की ममता है। मेरे पीछे क्या होता है, कौन देखता है?

चन्द्रा : चाची, तुम तो बहुत दुःखी हो रही हो। ऐसी बात मत कहो। भगवान सब ठीक करेंगे।

माँ : क्या ठीक करेंगे? कुछ करते, तो क्या यह दिन देखने को मिलता? क्या जाने यही दुःख दिखाने को उन्होंने मुझे चौदह बेटे दिये?

चन्द्रा : चौदह बेटे! आपके चौदह बेटे थे?

माँ : हाँ बेटी, चौदह बेटे थे और आज मेरे पास केवल एक बचा है। वह भी जाने की रट लगाता रहता है।

चन्द्रा : सुना है चाची, आपके कुछ बेटे तो दसावर कमाने गये थे।

माँ : पर मुझसे क्या पूछकर गये थे? जब जी में आया, चल दिये। माँ तो जैसे उनकी कुछ थी ही नहीं। देश ही उनका सबकुछ था। तीन तो किसी बम-पार्टी में थे।

चन्द्रा : बम-पार्टी में, सच?

माँ : हाँ, बेटी! एक दिन एक लड़का आया था। वही सबकुछ बता गया था। वह भी इनकी तरह घर से भागा हुआ था। बहुत दिनों की बात है। फिर तो उनकी कोई खबर ही नहीं मिली।

चन्द्रा : और बाकी कहाँ गये, चाची?

माँ : सात को तो बचपन में ही राम ने बुला लिए थे, बेटी। तीन बड़े होकर बम-पार्टी में चले गये। दो कहीं समन्दर पार के देश में चले गये। उनका तो कुछ पता ही नहीं लगा, जीते हैं या मर गये। मेरे पास से तो सब ऐसे गये, जैसे थे ही नहीं। हाँ, कुशल से कुछ आशा थी। उस पर बड़ी मन्नतें मानी थीं। जात बोली, चढ़ावे चढ़ाये; पर वह भी ठीक विवाह के दिन...

(स्वर आँसुओं से रुँध जाता है; बोल नहीं पाती; संगीत तेज होता है।)

चन्द्रा : हाँ, चाची। माँ सुना रही थी। बड़े चाव से तुमने उसका विवाह रचाया था, बड़े ठाठ किये थे; पर वही बात है कि 'मेरे मन कछु और है बिधना के कछु और।' सुना, चिट्ठी लिख गया था...

माँ : चिट्ठी लिखने से क्या बनता है? बेटा तो गया ही। मुझे किसी ने कुछ समझा ही नहीं, सदा कहते रहे, "माँ, तुमसे भी बड़ी एक और माँ है!"

चन्द्रा : तुमसे भी बड़ी माँ! वह कौन है?

माँ : बेटी, वे लोग देश को 'बड़ी माँ' कहते थे। कहते थे, 'वह तुम्हारी भी माँ है। वह हम सबकी माँ है।' कुशल भी यही लिख कर रख गया था, 'बड़ी माँ ने बुलाया है, जा रहा हूँ, मेरी राह न देखना।' न जाने किसने उन्हें यह सिखाया था? हम, जिन्होंने उन्हें पाला-पोसा, उनके लिए कष्ट सहे, उनके कुछ भी नहीं रहे, और वे जिन्हें कोई जानता तक नहीं, उनके सबकुछ हो गये!

चन्द्रा : सचमुच बड़ी बुरी बात है। न जाने चाची, दुनिया का क्या होगा? पर कुशल का कुछ पता तो लगाया होता?

माँ : पता कौन लगाता? बाप तो उनका जैसा है, दुनिया जानती है। लोगों ने जब ढूँढ़ने को कहा, तो बोला, 'ढूँढ़ना बेकार है। जो रहना नहीं चाहता, उसे रोकने की कोशिश करना उसे और खोना है। मेरा काम तो उन्हें पाल-पोसकर बड़ा करना था। वह मैंने कर दिया। आगे वे जानें, उनका काम जाने।'

चन्द्रा : चाची, उन्होंने भी ठीक ही कहा था, और वह क्या करते? औलाद ही बस में न रहे, तो माँ-बाप क्या करें? पर खैर चाची, जो हुआ सो हुआ। सुशील को देखो, उसका ध्यान रखो। दो-एक महीने मैं इधर ही रहूँगी। आ जाया करूँगी। अब तो उसका बुखार उतर गया है।

माँ : बुखार तो तीन बार उतर चुका है।

चन्द्रा : नहीं चाची, अब नहीं चढ़ेगा। ऐसी आशंका मत करो। भगवान सब ठीक करेंगे।

[द्वार पर फिर दस्तक होती है और साथ ही सुशील का स्वर उठता है।]

सुशील : माँ...माँ...आ!

माँ : सुशील के पिता आये जान पड़ते हैं। बेटी, बू जरा किवाड़ खोलना, मैं सुशील को देखती हूँ। वह भी पुकार रहा है।

[माँ का स्वर दूर जाता है, सुशील का स्वर पास आता है।]

सुशील : माँ ***(काँपता स्वर)*** माँ, तुम कहाँ जाकर बैठ गयीं?

माँ : ***(पास आता स्वर)*** आयी बेटा, अभी आयी। चन्द्रा आ गयी थी, उससे बातें करने लगी। हाँ, क्या कहता है?

सुशील : ***(काँपता हुआ)*** माँ, मुझे जाड़ा लगा रहा है। कम्बल तो देना।

माँ : ***(एकदम काँप कर)*** जाड़ा, तुझे जाड़ा लगा रहा है? तुझे फिर बुखार आ रहा है! हे राम...

सुशील : माँ, कम्बल लाओ, कम्बल। मुझे कँपकँपी चढ़ रही है। जल्दी लाओ।

माँ : ***(घबरायी-सी)*** अभी लायी, अभी...ओह भगवान, तुम क्या करना चाहते हो? भगवान, तुम मुझ पर दया करो! ***(पुकार कर)*** चन्द्रा, तेरे चाचा आये, जरा जल्दी से उन्हें यहाँ भेज।

चन्द्रा : ***(दूर से आता स्वर)*** चाची, डॉक्टर साहब भी आ रहे हैं। **(पदचाप उठते हैं।)**

माँ : डॉक्टर? ओह भगवान, डॉक्टर आ गये! **(पुकार कर)** डॉक्टर साहब! सुशील...**(पदचाप पास आते हैं।)**

डॉक्टर : सुशील तो अब ठीक है न? क्या बात है? अरे, सुशील को कम्बल क्यों ओढ़ाया है? आप घबरा क्यों रही हैं?

माँ : सुशील को फिर जाड़ा लग रहा है डॉक्टर साहब, यह क्या हो रहा है?

[सबके एक साथ बोलने के स्वर उभरते हैं।]

डॉक्टर : सुशील को फिर जाड़ा लग रहा है!

माँ : सुशील को फिर जाड़ा चढ़ रहा है!

चन्द्रा : सुशील को फिर बुखार आने वाला है!

माँ : ***(रोती हुई)*** डॉक्टर साहब, डॉक्टर साहब...

डॉक्टर : ***(साँस लेकर)*** आप घबराए नहीं। मुझे जरा देखने दीजिए। ***(धीरे-से)*** हेलो सुशील, क्या हाल है?

सुशील : ***(काँपता हुआ)*** डॉक्टर साहब! नमस्ते।

डॉक्टर : नमस्ते जनाब। यह क्या कर लेते हो बार-बार? शरीर के शत्रु से ऐसी मित्रता करना ठीक नहीं है, भाई। देखूँ तो हाथ।

सुशील : कुछ नहीं, डॉक्टर साहब। वैसे ही जाड़ा चढ़ आया है। ठीक हो जायेगा। पिताजी आये हैं क्यो?

पिता : हाँ सुशील, क्या बात है?

सुशील : मेरी फीस भेज आये?

पिता : कल मैं शहर जा रहा हूँ। सब ठीक कर आऊँगा, पर पहले तू तो ठीक हो जा।

सुशील : ठीक तो हो गया था, पिताजी। आज फिर जाड़ा चढ़ आया। यह भी उतर जायेगा। मैं कॉलेज अवश्य जाऊँगा। पाँच-छः दिन की देर हो जायेगी, तो क्या है? आप मेरी फीस अवश्य भेज दीजिएगा।

पिता : भेज दूँगा। तू चिन्ता मत कर।

डॉक्टर : सुशील को डॉक्टर बनने का बड़ा चाव है। वह अवश्य बनेगा। देर-सवेर की कोई बात नहीं। इसका परीक्षाफल इतना सुन्दर है कि बहुत जल्दी ही यह अपनी कमी पूरी कर लेगा। हाँ, जरा जीभ दिखाना। हूँ...कुछ बदपरहेजी तो नहीं की?

सुशील : जी, मैं तो वही खाता हूँ जो आप बताते हैं।

डॉक्टर : जानता हूँ, तुम एक आदर्श रोगी हो। तभी तो बार-बार रोग को पछाड़ कर अच्छे हो जाते हो। हाँ माँजी, दवा तो सब दे दी थी?

सुशील : बिल्कुल उसी तरह दी थी, जैसे आप बता गये थे। बेचारा कभी जिद नहीं करता। रात को जिस वक़्त जगाती हूँ, चुपचाप उठ कर दवा पी लेता है, मगर फिर भी न जाने क्या बात है कि...

डॉक्टर : ठीक है, ठीक है। जानता हूँ, तुम सब लोग बड़े पाबन्द हो।

पिता : कहते हैं कि लोग चिन्ता नहीं करते, इसलिए बीमारियाँ बढ़ रही हैं; पर यहाँ तो इतनी चिन्ता करते हैं, तो भी बीमारी पीछा नहीं छोड़ती! चौथी बार बुखार चढ़ा है।

डॉक्टर : हाँ, बात कुछ मेरी समझ में भी नहीं आती। सवेरे बिल्कुल ठीक था। लेकिन खैर, कोई बात नहीं। आप मेरे साथ चलें, दवा देता हूँ।

पिता : चलिए।

डॉक्टर : सुशील भाई, दवा तो भेज ही रहा हूँ' लेकिन भगवान के लिए यह दोस्ती अब खत्म करो।

सुशील : मुझे तो खुद इससे प्रेम नहीं है, पर न जाने क्यों बार-बार आ जाता है? डॉक्टर साहब, इस बार कोई तेज-सी दवा दीजिए।

डॉक्टर : ***(हँस कर)*** ऐसी तेज दूँगा कि बुखार भी क्या याद रखेगा? अच्छा, आओ द्वारकानाथजी।

पिता : जी, चलिए ***(दोनों के जाने के पदचाप गुँजते हैं, दूर जाते हैं।)***

माँ : बेटी चन्द्रा, तू जरा सुशील के पास बैठ, मैं अभी आती हूँ।

[पदचाप दूर जाते हैं, फिर पास आते हैं।]

माँ : डॉक्टर साहब, डॉक्टर साहब!

डॉक्टर : जी, क्या बात है?

माँ : क्यों, डॉक्टर साहब, कोई खतरे की तो बात नहीं है?

डॉक्टर : नहीं, नहीं, घबराने की कोई बात नहीं है। इस बार मलेरिया है। वक़्त पर उतर जायेगा।

माँ : उतर जायेगा?

डॉक्टर : हाँ, हाँ, क्यों नहीं उतरेगा?

माँ : कब तक उतरेगा?

डॉक्टर : चार-पाँच दिन लग सकते हैं, पर बार-बार यह बुखार आना ठीक नहीं है। यह बन्द होना चाहिए। कमजोरी बढ़ती है। यह तो सुशील की इच्छाशक्ति है, जो उसकी रक्षा कर रही है।

माँ : डॉक्टर साहब, आप तो जानते हैं कि चौदह बेटों में यही एक

बचा है। अपनी जान देकर भी मैं इसे बचाना चाहती हूँ। यही मेरा सबकुछ है—मेरा जीवन, मेरी दुनिया, मेरा धन, मेरा घर-बार! डॉक्टर, मेरे प्राण इसी में बसे हैं, इसके लिए जो भी कहोगे, करूँगी।

डॉक्टर : जानता हूँ, माँ जी। माँ बेटे के लिए सबकुछ कर सकती हैं। आप घबराइए नहीं, अभी और सेवा करे जाइए। चार-पाँच दिन में बुखार टूट जायेगा। प्रसन्न रहिए और रोगी को प्रसन्न रखिए। बस, बाकी मैं दूख लूँगा। आज ही जाकर बड़े डॉक्टर से सलाह करूँगा।

माँ : आपकी बड़ी कृपा है, डॉक्टर साहब! आपके सहारे ही हमारी गाड़ी चल रही है। भगवान आपको इसका बदला देंगे।

डॉक्टर : *(हँस कर)* ठीक, ठीक है। मैं तो माँ जी, अपना काम करता हूँ मेरा तो यह पेशा है। अच्छा, आप बैठिए, मैं दवा भेजता हूँ। दवा तो आप देती हैं न?

माँ : जी हाँ।

डॉक्टर : *(जाते-जाते)* ठीक है, बस ठीक है। ठीक समय पर दवा देते रहिए, हो सका तो मैं रात को ही सूई लगाने आऊँगा। ***(स्वर दूर जाते हैं। पदचाप मिटते और फिर उठते हैं। स्वर पास आते हैं। डॉक्टर और द्वारकानाथ जाते-जाते बातें करते हैं। ताँगों के आने-जाने का स्वर उठता है और मिटता है। द्वारकानाथ ताँगे के नीचे आते-आते बचते हैं।)***

डॉक्टर : द्वारकानाथ जी, बचिए।

पिता : *(भागते से)* ओफ! इन ताँगों ने तो जीना दूभर कर दिया। ***(कुछ देर शान्ति रहती है; फिर पिता बोलते हैं)***

पिता : डॉक्टर साहब, आख़िर यह क्या बात है? सुशील को बार-बार बुखार क्यों आता है?

डॉक्टर : मुझे स्वयं अचरज है। कुछ समझ में नहीं आता। जैसे ही रोगी में शक्ति आती है, रोग उसे फिर आ दबोचता है।

पिता : यह तो...यह क्रम चलता रहा, तो क्या होगा?

डॉक्टर : यही मैं सोच रहा हूँ। इसका प्रबन्ध होना चाहिए।

पिता : आप बताइए, क्या किया जाये?

डॉक्टर : अभी तो सूई लगाता हूँ, फिर इस समस्या पर विचार करूँगा। और डॉक्टरों को दिखाऊँगा। शायद सुशील को कहीं बाहर भी भेजना पड़े। जलवायु बदलना ठीक रहता है।

पिता : डॉक्टर, हम लोग गरीब आदमी हैं। पर आप जो कहेंगे, करेंगे। दुनिया को यह नहीं कहने देंगे कि सुशील के माँ-बाप ने लालच में आकर सुशील को खो दिया।

डॉक्टर : ठीक है, ठीक है। मैं तुम लोगों को अच्छी तरह जानता हूँ। एक-एक करके तुम्हारे सभी बेटे तुम्हें छोड़ कर चले गये और तुम हो कि जिये जा रहे हो!

पिता : बेटे अपना काम करते हैं और माँ-बाप अपना। डॉक्टर साहब, दुःख मुझे भी होता है, पर दुःख करने से क्या मैं उन्हें पा सकता था? हाँ, उनकी माँ की बात दूसरी है। बेचारी ने अपने को मिटा ही डाला है, पर मिला उसे भी कुछ नहीं। इसलिए सोचता हूँ कि सुशील बना रहे, तो उसे कुछ शान्ति मिलेगी।

डॉक्टर : सुशील अवश्य बना रहेगा, जी। मेरा मन कहता है कि एक दिन सबकुछ ठीक होगा। मैं अपनी ओर से कोई कसर उठा नहीं रखूँगा। आप निश्चिन्त रहिए।

पिता : आपकी कृपा है, डॉक्टर साहब, आपकी दया है।

डॉक्टर : *(हँस कर)* दया और कृपा! *(हँसता है)* अच्छा आइए। हम आ गये। आप बैठिए, मैं दवा तैयार करता हूँ।

[अन्तराल। संगीत उभरता है, फिर क्षणिक मौन के बाद डॉक्टर कुछ गुनगुनाते हैं। फिर स्वयं बोलने लगते हैं।]

डॉक्टर : अभी तक कुछ समझ में नहीं आया। बीमारी बिल्कुल नॉर्मल है। वैसे सुशील भी शान्त और आज्ञाकारी है। दवा स्वयं माँ देती है। वह माँ जिसके चौदह बेटों में वह अकेला बचा है। जान देने को तैयार! फिर क्या बात है, कुछ तो है...*(किसी के पास आने के पदचाप)* कौन?

पिता : डॉक्टर साहब, नमस्ते।

डॉक्टर : *(चौंक कर)* ओह, आप! नमस्ते। आइए, मैं अपकी ही राह देख रहा था, मुझे आज आपसे बहुत कुछ आवश्यक बात करनी है। आइए, यहाँ बैठिए। *(बैठने का स्वर)*

पिता : मैं सेवा में हाजिर हूँ। आज्ञा कीजिए।

डॉक्टर : अभी आता हूँ, पर पहले यह बताइए कि सुशील का बुखार कैसा है?

पिता : बिल्कुल नॉर्मल है।

डॉक्टर : बिल्कुल नॉर्मल, बहुत अच्छी बात है और क्या चाहिए? वैसे खुश है न?

पिता : खुश तो वह हमेशा ही रहता है। आज तो सवेरे से उसने अपनी पुरानी रट लगायी है—'कॉलेज जाऊँगा।'

डॉक्टर : अजी, यह कॉलेज ही है, जो उसे इतनी जल्दी ठीक कर लेता है। इच्छा में बड़ी शक्ति होती है। लेकिन फिर भी इस बार सुशील की देखभाल विशेष रूप से करनी होगी। यदि अब रोग ने आक्रमण कर दिया, तो...

पिता : जानता हूँ, डॉक्टर साहब। अच्छी तरह जानता हूँ।

डॉक्टर : और यही भी जानते हैं कि यही समय है, जब रोग आक्रमण करता है।

पिता : यह भी जानता हूँ, डॉक्टर साहब। इसीलिए मैंने सुशील की ममेरी बहन को बुला भेजा है। आपके कहने के अनुसार हम सब रात को बारी-बारी से जागा करेंगे।

डॉक्टर : ठीक है, ठीक है। मैं भी जागा करूँगा।

पिता : ***(अचरज से)*** आप?

डॉक्टर : हाँ, मैं भी रात को पहरा देने आऊँगा।

पिता : ***(विनम्र स्वर)*** डॉक्टर साहब, आप क्या कहते हैं? आपने क्या नहीं किया? आपकी कृपा से ही सुशील बार-बार मौत के मुँह से जाकर लौट आया है। आप अब इतना कष्ट न कीजिए।

डॉक्टर : ***(गम्भीर स्वर)*** ठीक है, ठीक है। पर सुनिए तो, पहले तो, पहले मेरी बात सुनिए।

पिता : जी, कहिए।

डॉक्टर : मैं रोगी का अध्ययन करना चाहता हूँ। हो सकता है, मुझे कई रातें उसके पास बितानी पड़ें।

पिता : लेकिन क्या आप रात को ही बैठेंगे?

डॉक्टर : हाँ, वह काम रात को ही हो सकेगा।

पिता : जैसी आपकी इच्छा।

डॉक्टर : उस कमरे के पास कोई और कमरा है?

पिता : जी हाँ, उसके पीछे हमारी बैठक है।

डॉक्टर : ठीक है। उसमें खिड़की तो है न? मेरा मतलब है कि उसमें ऐसी खिड़की या दरवाजा तो होगा ही, जिसमें से रोगी के कमरे पर नजर रखी जा सके।

पिता : जी, बैठक से होकर एक खिड़की और एक दरवाजा रोगी के कमरे में खुलते हैं।

डॉक्टर : ठीक है। मैं आपकी बैठक में रहूँगा।

पिता : आपकी बात मेरी समझ में नहीं आ रही है, फिर भी जैसा आप कहते हैं, वैसा प्रबन्ध मैं कर दूँगा।

डॉक्टर : समझ में तो अभी आपके बहुत-कुछ नहीं आयेगा। लेकिन देखिए, यह बात आप किसी से कहियेगा नहीं, सुशील की माँ से भी नहीं।

पिता : ऐसी बात है?

डॉक्टर : निःसन्देह बात ऐसी ही है। आपको मेरी सहायता करनी होगी।

पिता : विश्वास रखिए, मैं उसी प्रकार करूँगा, जिस प्रकार आप कहेंगे।

डॉक्टर : ठीक है। मुझे आप पर विश्वास है। मैं आज रात को सुशील को देखने आऊँगा और वहीं रह जाऊँगा।

पिता : बहुत अच्छा, मैं सब प्रबन्ध किये रखूँगा। आप निश्चिन्त होकर आइए। अच्छा, मैं चलूँ, नमस्ते।

डॉक्टर : नमस्ते।

[जाने के पदचाप। फिर अन्तराल संगीत उभरता है। उसके समाप्त होते-होते तानपूरे पर मन्द स्वर उभरते हैं और फिर दो व्यक्ति धीरे-धीरे बातें करते हैं।]

पिता : यह देखिए, मैंने अपनी खाट खिड़की के पास खींच ली है। आप यहाँ आराम से बैठ सकते हैं।

डॉक्टर : ठीक है। यहाँ बैठ कर मैं खिड़की से सबकुछ देख सकता हूँ। सुशील की चारपाई बिल्कुल सामने है और यहाँ से उसके पास आने वाले प्रत्येक व्यक्ति पर निगाह रखी जा सकती है।

पिता : और अगर किसी समय वहाँ जाने की जरूरत हो, तो दरवाजा भी पास ही है।

डॉक्टर : ओह, ठीक है, ठीक है। यह और भी अच्छी बात है। हाँ, क्या बज गया?

पिता : दस बजने वाले हैं।

डॉक्टर : सुशील तो बड़े सुख से सो रहा है।

पिता : आज उसकी तबीयत बहुत ठीक थी, सारा दिन कॉलेज जाने का प्रोग्राम बनाता रहा।

डॉक्टर : ***(हल्की हँसी)*** बड़ा बहादुर लड़का है। मुझे विश्वास है कि इस बार उसका प्रोग्राम नहीं बिगड़ेगा।

पिता : आपकी कृपा है, डॉक्टर। आपने...

डॉक्टर : अहा, आपने दीये का प्रबन्ध भी कर रखा है!

पिता : वह तो मैंने कई दिन पहले कर दिया था। रात-भर लैम्प जलने से कमरे में एक प्रकार का कड़वा धुआँ भर जाता था।

डॉक्टर : यह कड़वा ही नहीं, जहरीला भी होता है। अच्छा, आप सोना चाहें, तो सो जाइए। जरूरत होगी तो मैं जगा लूँगा।

पिता : नहीं, नहीं, मैं बैठा हूँ। मैं भी देखूँगा।

डॉक्टर : आपकी इच्छा, पर आप थक जायेंगे। कोई बात होगी, तो मैं पुकार लूँगा। वह देखिए, सुशील की माँ ने लैम्प बुझा दिया है। दीये का प्रकाश धुँधला है, पर आँखों के लिए कितना सुख देने वाला है।

पिता : दीया हमारी प्राचीन सभ्यता का प्रतीक है। उसके प्रकाश में तेज नहीं है, पर शान्ति है।

डॉक्टर : लेकिन यह तेज किस काम का, जिसमें अशान्ति हो? बात यह है...देखिए, जरा इधर देखिए।

पिता : क्या है?

डॉक्टर : सुशील की माँ कितने प्रेम से सुशील के कपड़े ठीक कर रही है?

पिता : सच कहता हूँ, डॉक्टर। इसने सुशील के लिए अपने आपको मिटा डाला है। फिर भी न जाने क्यों उसका भाग्य रूठा हुआ है।

डॉक्टर : अब सब ठीक हो जायेगा, आप चिन्ता न करिए। आप लेट जाइए। सुशील की माँ लेट गयी है। जब मैं लौटूँगा, आपको पुकार लूँगा।

पिता : बहुत अच्छा (***क्षणिक सन्नाटा। डॉक्टर के टहलने का स्वर। गीदड़ों की चीखें उभरती हैं, फिर मौन छा जाता है; फिर पदचाप उभरते हैं और दूर कुत्तों की भौं-भौं सुनाई पड़ती है। घड़ी में एक बजने की घोषणा करता हुआ घण्टा गहरा उठता है, फिर मौन छा जाता है और तानपूरे पर संगीत उभरता है।)***

पिता : *(एकदम जाग कर)* कुछ पता लगा?

डॉक्टर : अभी कुछ नहीं।

पिता : क्या बजा है?

डॉक्टर : दो बजने वाले हैं।

पिता : तो अब मैं बैठता हूँ। आप लेट जाइए, आइए।

डॉक्टर : हाँ, मैं अब लेट सकता हूँ; पर आप सजग रहिए। कमरे में कोई भी आहट हो, कोई भी नयी बात हो, तो उसी क्षण मुझे जगा दीजिए।

पिता : डॉक्टर साहब, क्या आप भूतों में विश्वास करते हैं?

डॉक्टर : कभी-कभी करना पड़ता है; परन्तु जनता के और हमारे भूतों में अन्तर है। जनता के भूत काल्पनिक होते हैं, जिनका कोई आधार नहीं होता। हमारे भूत ठोस होते हैं और वे हमारे अन्दर रहते हैं।

पिता : *(चकित)* हमारे अन्दर रहते हैं?

डॉक्टर : हाँ, किसी दिन पकड़ सका तो दिखाऊँगा। लेकिन अब आप होशियार रहिए।

पिता : मैं होशियार हूँ। आप सो सकते हैं। सुशील के कमरे में पूर्ण शान्ति है। ***(फिर सन्नाटा, घड़ी की टिक-टिक, कुत्तों की भौं-भौं, गीदड़ों की हू-हू, कहीं शोर, फिर शान्ति, फिर पदचाप, सहसा पिता के चौंकने का स्वर)***

पिता : *(दृढ़ स्वर)* डॉक्टर साहब!

डॉक्टर : *(एकदम जाग कर)* क्या है?

पिता : इधर आइए, इधर। वह देखिए एक छाया-मूर्ति! मैंने जब झाँका, तो वह धीरे-धीरे सुशील के पास जा रही थी। कई क्षण चुपचाप सुशील के मुख को देखती रही।

डॉक्टर : फिर?

पिता : फिर उसने सुशील के मुख को चूमा।

डॉक्टर : फिर?

पिता : फिर उसने सुशील की चादर उतार डाली और खिड़की खोल दी। अब वह हट रही है। देखो डॉक्टर, इसकी चाल कैसी गतिहीन है? लो, अब वह दवा की शीशी उठा रही है।

डॉक्टर : हाँ, उसने शीशी ली और कॉर्क खोल दिया। फिर पीछे हटी। ओह, वह तो सुशील की खाट के पास आ रही है! अरे...

पिता : अरे, उसने तो दवा की शीशी चिलमची में उलट दी।

डॉक्टर : अरे, वह तो सुशील की माँ है! *(पृष्टभूमि में आश्चर्यसूचक संगीत उभरता है।)*

पिता : *(काँप कर)* सुशील की माँ!

डॉक्टर : *(शीघ्रता से)* मेरे साथ आइए, जल्दी करिए!

पिता : *(पागल-सा)* डॉक्टर, डॉक्टर!

डॉक्टर : *(जाता हुआ)* आइए!

[किवाड़ खुलने का स्वर। सुशील की माँ की चीख गूँज उठती है।]

माँ : *(एक चीख के साथ)* आप...आप *(गिर पड़ती है और बेहोशी में बड़बड़ाती है)* सुशील अच्छा हो रहा है। वह अच्छा हो जायेगा। अच्छा होकर कॉलेज जायेगा। डॉक्टर बनेगा और फिर...फिर कहीं चला जायेगा। मुझे छोड़ जायेगा। वह फिर नहीं लौटेगा। उसके भाई भी नहीं लौटे थे...नहीं, नहीं, वह मुझे नहीं छोड़ सकता। वह शहर नहीं जा सकता। मैं उसे नहीं जाने दूँगी, नहीं जाने दूँगी।

डॉक्टर : *(गम्भीर स्वर)* देखा, मुझे यही डर था।

पिता : *(पागल-सा)* डॉक्टर, डॉक्टर, मेरी समझ में कुछ नहीं आ रहा है। यह मैंने क्या देखा? माँ अपने हाथों से अपने ही बेटे की हत्या कर रही है। ओह, डॉक्टर!

डॉक्टर : हाँ, माँ अपने ही हाथों से बेटे की हत्या कर रही है; पर वह जान-बूझ कर कुछ नहीं करती। ममता ने उसे पागल बना दिया है। होश में आने पर वह स्वयं नहीं जानती कि वह क्या करती है? वह उसे अपना समझती है—केवल अपना। यही स्वार्थ है, यही ममता का विष है। *(बीच-बीच में माँ की फुसफुसाहट उठती रहती है।)*

माँ : *(बेहोशी)* मैंने उसे पाला-पोसा है। वह मेरा बेटा है। मैं उसे कहीं नहीं जाने दूँगी, कहीं नहीं।

डॉक्टर : लेकिन अब आप घबराइए नहीं। मैंने रोग को पहचान लिया है। मैं सबकुछ ठीक कर लूँगा। आइए, पहले इन्हें होश में लाने की दवा दें। और हाँ, देखिए, मेरे आने का इन्हें अब भी पता नहीं लगना चाहिए।

[पदचाप उभरते हुए दूर जाते हैं, तानपूरे पर संगीत मन्द मधुर होता है और फिर समाप्ति-सूचक संगीत में लय हो जाता है।]

लक्ष्मीनारायण लाल

हिन्दी नाटक और रंगमंच को नयी दिशा और पहचान प्रदान करने वाले आधुनिक समर्थ नाटककार के रूप में लक्ष्मीनारायण लाल जी का स्थान अत्यन्त महत्त्वपूर्ण है। लक्ष्मीनारायण लाल का जन्म 4 मार्च, सन् 1927 को ग्राम जलालपुर, जिला बस्ती, उत्तर प्रदेश में एक साधारण कायस्थ परिवार में हुआ। पिता का नाम श्री शिवसेवक लाल था, वे गाँव के पटवारी थे। माता का नाम मूँगादेवी था, वह धार्मिक वृत्ति की थीं। लाल अपने पिता की दूसरी सन्तान थे। इनके बड़े भाई का नाम बलदेव, छोटे भाई का कमला लाल तथा सावित्री और श्यामा दो बहनें थीं। परिवार की आर्थिक स्थिति साधारण थी। इन्होंने प्राथमिक शिक्षा गाँव में ही पूर्ण की। आगे पिम्परागौतम के मिडिल स्कूल एंग्लो संस्कृत हाईस्कूल, बस्ती में दाखिला लिया। 16 वर्ष की आयु में इनका विवाह फैजाबाद जिले के टाँडा तहसील की 14 वर्षीय सुश्री आरती से हो गया। विवाह हो जाने के उपरान्त इस उत्तरदायित्व एवं कर्तव्य का निर्वाह लाल ने बखूबी किया। जुलाई, सन् 1946 में इण्टर की परीक्षा उत्तीर्ण करने के पश्चात् लाल की हार्दिक इच्छा हुई कि बी.ए. इलाहाबाद विश्वविद्यालय से किया जाए, किन्तु घर की आर्थिक स्थिति मार्ग में बाधा थी। लाल ने इन बाधाओं पर क्रमशः विजय पायी। अभावों और विषमताओं से संघर्ष करते हुए सन् 1950 में इन्होंने हिन्दी विषय में एम.ए. कर लिया और सन् 1952 में इलाहाबाद विश्वविद्यालय से पीएच.डी. की उपाधि प्राप्त की। सन् 1953 में लाल ने एस.एम. कॉलेज, चन्दौसी में एक वर्ष अध्यापन कार्य किया। फिर सन् 1955 में टी.एम.पी. कॉलेज, इलाहाबाद में हिन्दी विभागाध्यक्ष पद का भार सँभाला। सन् 1956 में इनकी नियुक्ति आकाशवाणी के 'ड्रामा प्रोड्यूसर' के पद पर हो गयी। सन् 1958 में इन्होंने 'नाटक केन्द्र' की स्थापना की। सन् 1965 में रोमानिया की बुखारेस्ट नगरी में आयोजित अन्तरराष्ट्रीय नाट्य संगोष्ठी में इन्होंने भारत की ओर से एकमात्र प्रतिनिधि के रूप में भाग लिया।

इस यात्रा के दौरान इन्होंने विश्व के प्रमुख थियेटरों—ग्रीक, इटली और ब्रिटेन का निकट से निरीक्षण किया।

सन् 1965 में डॉ. लाल की नियुक्ति दिल्ली विश्वविद्यालय के हिन्दी विभाग में नाट्य प्रवक्ता के पद पर हो गयी। सन् 1965 में विदेश यात्रा के उपरान्त सन् 1987 तक डॉ. लाल निरन्तर साहित्य-साधना में रत रहे।

ऐसे महान रचनाकार की मृत्यु 20 नवम्बर, 1987 को दिल्ली में हुई।

रचनाएँ

नाटक—'अन्धा कुआँ' (1955), 'मादा कैक्टस', 'हल्का-फुल्का प्रहसन' (1959), 'सुन्दर रस', 'सूखा सरोवर', 'तोता मैना', 'रक्त कमल', 'तीन आँखों वाली मछली' (1960), 'रातरानी' (1966), 'दर्पण' (1966), 'सूर्यमुख' (1968), 'कलंकी', 'मिस्टर अभिमन्यु' (1971), 'कर्फ्यू' (1972), 'अब्दुल्ला दीवाना' (1973), 'लीला नाट्य', 'व्यक्तिगत' (1975), 'सत्य हरिश्चन्द्र' (1976), 'यक्ष प्रश्न' (1976), 'नरसिंह कथा' (1975), 'पंच पुरुष' (1978), 'कथा विसर्जन' (1987), 'राम की लड़ाई', 'चन्द्रमा' आदि।

एकांकी संग्रह—'ताजमहल के आँसू' (1945), 'पर्वत के पीछे' (1952), 'नाटक बहुरंगी' (1964), 'नाटक बहुरूपी' (1964), 'दूसरा दरवाजा', 'खेल नहीं नाटक' (1978), 'नया तमाशा' (1982) आदि।

उपन्यास—धरती की आँखें, काले फूल का पौधा, बया का घोंसला और साँप, रूपाजीवा, बड़ी चम्पा छोटी चम्पा, मन वृन्दावन, प्रेम अपवित्र नदी, हरा समन्दर गोपी चन्दर, शृंगार, बसन्त ऋतु की प्रतीक्षा, पुरुषोत्तम आदि।

कहानी संग्रह—नये स्वर नयी रेखाएँ, सूना आँगन रस बरसे, एक और कहानी, एक बूँद जल, डाकू आये थे, मेरी प्रतिनिधि कहानियाँ।

एकांकी का सार : 'ताजमहल के आँसू'

लक्ष्मीनारायण लाल एक प्रयोगधर्मी नाटककार हैं। प्रस्तुत एकांकी में भी यह प्रयोग धर्मिता देखी जा सकती है। यह शाहजहां के आख़िरी वक़्त का घटनाक्रम है, जब उसे तरह-तरह के सपने आ रहे थे। वह पागल-सा हो गया था। उसकी बेटी जहांनारा उसकी देखभाल कर रही थी। वह विक्षिप्त-सा होकर चौंक-चौंक कर जाग जाता। मुमताज़ की तस्वीर को निहारता, खिड़की से ताजमहल को देखता और रोता रहता। उसकी बेटी लगातार उसे सँभालती। वह अपने बेटे औरंगज़ेब को मार डालना चाहता था जिसने उसे क़िले में क़ैद कर लिया था।

उसे दारा शिकोह (दूसरा बेटा) तथा औरंगज़ेब की लड़ाई का भी पता लगता है। वह दुआ करता है कि दारा शिकोह औरंगज़ेब को मार दे, परन्तु सूचना मिलती है कि औरंगज़ेब ने दारा शिकोह को मारा डाला। शाहजहां ग़मगीन हो जाता है और स्वयं औरंगज़ेब को मारने की सोचता है। औरंगज़ेब उससे मिलने आ रहा है। यह पता लगता है तो एक ज़हरीली कटार अपनी आस्तीन में छिपा लेता है। जब औरंगज़ेब उससे मिलने लगता है तो मुमताज़ की तस्वीर जैसे उसे कुछ कहती है। फिर वह खिड़की से ताजमहल को देख कर आता है और कटार उसकी आस्तीन से निकल कर गिर पड़ती है। वह बताता है कि मुमताज़ भी रो रही है और ताजमहल भी रो रहा है। वह मुमताज़ के प्यारे बेटे को कैसे मार देता? ताजमहल के आँसू उसे रोक लेते हैं।

ताजमहल के आँसू

•

लक्ष्मीनारायण लाल

पात्र–परिचय

शाहजहां	:	औरंगज़ेब का क़ैदी पिता
जहांनारा	:	शाहजहां की लड़की
ज़ोहरत उन्निसा	:	दारा की लड़की
औरंगज़ेब	:	मुगल सम्राट्
मुहम्मद सुल्तान	:	औरंगज़ेब का लड़का
दिलदार	:	एक दानिशमन्द व्यक्ति

•

समय : सुबह होने में थोड़ी-सी रात बाकी

[आगरा किले का शाही हरम। शाहजहां अपने कमरे में पलंग पर लेटा है। सिरहाने की ओर, दो तरफ शमादानों पर रौशनी हो रही है। बायीं ओर की दीवार में संगमरमर की जालियों से बनी हुई एक खूबसूरत खिड़की, जिससे यमुना और ताजमहल, दोनों भली-भाँति दिखाई देते हैं। दायीं ओर की दीवार में आतिशदान पर मुमताज़ की एक ख़ूबसूरत तस्वीर रखी हुई है। इसके अगल-बगल में दो क़ीमती फूलदान रखे हैं, जिसमें सजाई हुई फूल और पत्तियाँ मुरझा गयी हैं। दायीं ओर कुछ किनारे पर, एक खुला हुआ दरवाज़ा, जिस पर सफ़ेद पर्दा झूल रहा है। यह दरवाज़ा उस कमरे में खुलता है; जहाँ जहांनारा,

ज़ोहरत सो रही हैं। आयताने का दरवाज़ा बाहर खुलता है, जिस पर एक स्याह रंग का पर्दा पड़ा है।

पर्दा उठने पर, शाहजहां अपने पलंग पर अस्त-व्यस्त सोया मिलता है। बाल बिखरे हैं, दाढ़ी बेपरवाह से बढ़ गयी है। मुँह मुर्झाया हुआ है। सिरहाने क़ीमती कॉटन का तकिया है; जिसके चारों ओर ज़री के काम की हल्की पट्टियाँ हैं। शाहजहां सफ़ेद रेशम का लम्बा कुर्ता पहने है, नीचे चुस्त मुगली पायजामा है। शाहजहां दायीं करवट लेता हुआ, मानो कुछ अपने दामन में बुरी तरह से छिपाए हुए पड़ा है।

पृष्ठभूमि में, क़िले का आख़िरी रात का गजर बजता है और इसे बाद ही कोई ऊँची आवाज़ में कहता है–

“आँ खुदाएस्त ताला मलिकुल्-मुल्के क़दीम।
कि तगयुर न कुनद मुम्लकिते जावे दानश॥”

आवाज़ दूर चली जाती है, फिर दूसरी आवाज़ उठती है, शाहजहां...चौंकता हुआ और सिकुड़ जाता है। फिर दूसरी आवाज़ बहुत नज़दीक से उठती है, जैसे कोई फ़जर की नमाज़ पढ़ता है।]

शाहजहां : *(एकाएक चौंक कर जागता है, आधा उठ कर...आश्चर्य से)* आँ खुदाएस्त ताला!...फ़जर की नमाज!!...*(बैठ कर...प्रसन्नता से)* ओह!...मुमताज़!...मुमताज़ की आवाज़ *(इधर-उधर देखता हुआ पागल-सा)* लेकिन मेरी मुमताज़ कहाँ छिप गयी?...कहाँ है तू?...*(नीचे खड़ा हो जाता है)* अरे!...कहाँ छिप गयी?...कहाँ है तू?...(खिड़की से बाहर देखकर) आह! ख़ौफ़नाक सुबह! *(पीड़ा से पुकार कर)* मुमताज़!...अर्जुमन्द बानू!...बानू!...मुमताज़!

जहांनारा : *(बगल के कमरे से, घबड़ा कर दौड़ती हुई)* अब्बा!...अब्बाजान!!...*(कमरे में प्रवेश कर)*...अब्बाजान!...क्या हो गया आपको?...*(हाथ पकड़ कर)* क्या है अब्बाजान?

शाहजहां : *(खिड़की के पास से, बाहर देखता हुआ)*...बेटी!...जहांनारा!! रात बीतने जा रही है।

जहांनारा : *(परेशान-सी)* तो...इससे क्या हुआ, अब्बाजान?...आप आराम कीजिए!

शाहजहां : *(दुःख से)* नहीं, बेटी नहीं...मेरी आँखों में किसी के आँसुओं का दर्द हो रहा है।

जहांनारा : मैं इसके लिए क्या करूँ, अब्बाजान?...मुझे कुछ हुक्म दीजिए...।

शाहजहां : *(प्रसन्नता से घूम कर बढ़ता हुआ)* शाबाश बेटी!... शाबाश...तू मुमताज़ का ही तो ख़ून है!...*(तेज़ी से)* बेटी, मैं चाहता हूँ कि इस जाती हुई रात को तू पकड़ ले! और क़ैद कर ले इस क़िले में!...अब मेरी ज़िन्दगी में कभी सुबह न हो, बेटी! *(गिरती हुई वाणी से)* कभी सुबह न हो!

जहांनारा : क्यों?...अब्बाजान, आप क्यों इतने परेशान हो रहे हैं?

शाहजहां : *(खिड़की से बाहर देखता हुआ)* बेटी! रात बीतने जा रही है और वह देख...तेरी अम्मी यहाँ से भागती चली जा रही है!...वह देख यमुना की सतह पर...। तूफ़ानी लहरों को पार करती हुई...बेटी!

जहांनारा : *(पास आकर देखती हुई)* कहाँ अब्बाजान!...मैं तो कुछ नहीं देख पा रही हूँ...यह सब वहम है...आपका अब्बाजान!

शाहजहां : नहीं...बेटी, कैसी पागल है तू?...अपनी अम्मी को नहीं देख पा रही है!...देख...मेरी आँखों से देख, बेटी!...वह देख, ताजमहल के पास पहुँच रही है...कितनी तेज़ी से भाग रही है!...देख, उसकी आसमानी ओढ़नी में सफ़ेद सल्मे और सितारे चमक रहे हैं...पन्नों की कमर पेटी में मेरा सुर्ख रंग का पोखराज चमक रहा है। वह देख, भागती जा रही है!...उसके सर के स्याह गेसू हवा में उड़ रहे हैं *(चीख़ कर पीड़ा से)* बेटी!...क़ैद कर ले इस जाती हुई रात को...!

जहांनारा : इससे क्या होगा, अब्बाजान!

शाहजहां : *(घूम कर...जहांनारा की ओर बढ़ता हुआ)* क्या होगा... बेटी!...आह!!...तेरी अम्मी फिर लौट आयेगी...*(तेज़ी से)* रात को पकड़ ले बेटी!...सुबह न होने दे!...सुबह ही

से तो वह यहाँ से डर कर भाग रही है...शायद उसका बेटा औरंगज़ेब उसे भी न क़ैद कर ले!

जहांनारा : क़ुदरत और क़ायनात किसी के वश में नहीं, अब्बाजान! ...इन्हें कौन क़ैद कर सकता है?

शाहजहां : ***(बीच ही में)*** और शाहजहां को कौन क़ैद कर सकता था बेटी!...वह भी तो आज क़ैद में है।...जल्दी कर बेटी! नहीं तो रात चली जायेगी...सुबह हो जायेगी...फिर वह न लौटेगी!

जहांनारा : ***(परेशान हो)*** लेकिन, फिर रात होगी अब्बाजान!

शाहजहां : ***(दर्द से)*** रात होगी, बेटी!...लेकिन आज की रात कभी न होगी...बातें अधूरी रह जायेंगी। मुझे फिर उसकी मुस्कराहट न मिल सकेगी...न आँसुओं का जवाब मिल सकेगा!

जहांनारा : कैसा जवाब? कैसे आँसू अब्बाजान? मुझे भी तो कुछ बताइए...!

शाहजहां : बेटी, तेरी मम्मी मेरे पास आयी थी। वह जज़्बाती दर्द से इस तरह पागल थी कि उसकी आँखों से बेक़रारी के शोले निकल रहे थे। दूसरी ओर वह मेरे बदन से चिपक कर मुस्करा भी रही थी। लेकिन...बेटी मैं...लेकिन बेटी मैं...।

जहांनारा : क्या है, अब्बाजान?...आप क्या...कहिए...।

शाहजहां : बेटी, मैं तो तड़प रहा था...और उठ कर अपने हाथों में ज़हर का प्याला लिए हुआ था...औरंगज़ेब की मौत के लिए जा रहा था। लेकिन मुमताज़ मुस्करा पी रही थी और रो भी रही थी। और जैसे ही मैंने अपना क़दम आगे बढ़ाया, वह मेरे पैरों में लिपट गयी। मैं उसे समझाता रहा, वह सिर्फ ख़ामोश निगाहों से मुझे देखती रही। इस तरह हम लोग किसी भी नतीजे पर नहीं पहुँच सके थे; बेटी!...इसलिए मैं तुझसे कह रहा हूँ...कि आज की इस जाती रात को मत बीतने दे।

जहांनारा : ***(सम्हालती हुई)*** अब्बाजान!...वह सब ख़्वाब था, आप क्यों इतने बेचैन हो रहे हैं?

शाहजहां : ***(बीच ही में पीड़ा से)*** बेटी!...ओह! रात ख़त्म हो रही है...सुबह होने वाली है...और तू सिर्फ बकवास कर रही है...जा, मेरी तलवार ला!

जहांनारा : नहीं, अब्बाजान, आप परेशान न हों। आपको आराम मिलना चाहिए...तलवार लेकर क्या करिएगा?

शाहजहां : ***(उफन कर)*** मैं कहता हूँ कि मेरी तलवार और ख़ंजर, दोनों ला!...मैं आज यहीं से यमुना की सतह पर देखता रहूँगा; और जैसे ही इसके पीछे मुस्कराता हुआ ख़ूनी आफ़ताब निकलेगा; मैं उसे ख़ंजर मार दूँगा और अपनी लपलपाती हुई तलवार से आसमान को चीर दूँगा। फिर कभी सुबह न होगी, हश्र तक रात ही रात होगी ***(गिरती हुई वाणी से)*** मेरी मुमताज़ मेरे साथ होगी। और मैं उसकी रज़ामन्दी से औरंगज़ेब का ख़ून करूँगा।

जहांनारा : ***(पीड़ा से चीख़ कर)*** हुजूर अब्बाजान!...मेरे सर की क़सम, यह सब ख़्वाब था ***(सम्हालती हुई)*** आप पलंग पर बैठें... यह सब ख़्वाब था, जो इस वक़्त आपके दिमाग़ में वहम बन गया है। सारी रात धोखा थी; और ख़्वाब...।

शाहजहां : ***(बीच ही में)*** बेटी!...क्या बक रही है तू? ***(दौड़ कर खिड़की से देख कर)*** ओह!...मुमताज़ अपने मक़बरे में छिप गयी...ताजमहल आबाद हो गया। मैं उसके ख़यालात को न जान सका कि वह औरंगज़ेब को अब भी अपना बेटा मानती है या उसकी मौत चाहती है।

जहांनारा : अम्मी!...अम्मी...औरंगज़ेब की मौत चाहती होगी। औरंगज़ेब अम्मी का ख़ून है; इसे कभी न कहिए, अब्बाजान!...फिर औरंगज़ेब की मौत के बारे में क्या सोचना? उसे किसी तरह क़त्ल कर डालना जायज़ है, अब्बाजान।

शाहजहां : ***(जल्दी से)*** ओह! यही बात तो मैं मुमताज़ के मुँह से सुनना चाहता था और वह इसकी मंज़ूरी भी देने वाली थी कि इधर सुबह हो गयी।

जहांनारा : सुबह नहीं...अब्बाजान!...ख़्वाब देखते-देखते आपकी आँखें खुल गयीं और कुछ बात नहीं है, अब्बाजान!

शाहजहां : क्या बच्चों की तरह बातें करती है, बेटी!...*(पुकार कर)* ज़ोहरत! ज़ोहरत!!

ज़ोहरत : *(बगल के कमरे में अचानक उठती हुई)* जी...हुजूर दादाजान!!! *(कमरे में प्रवेश कर)* क्या है...दादाजान?... *(रुक कर)* ओह! आप कितने परेशान नज़र आ रहे हैं?

शाहजहां : *(गम्भीरता से)* नूर चश्मी!...आज मैं आफ़ताब का ख़ून करना चाहता हूँ।

ज़ोहरत : *(घबरा कर)* यह क्यों दादाजान!...यह कैसी बात...क्यों ऐसी बातें कर रहे हैं?

शाहजहां : *(चिढ़ कर)* तू भी नहीं समझती! मुमताज़ मेरे पास से भाग गयी...और वह कुछ न कह सकी। मैं पूछता रहा... और सुबह हो गयी *(क्रोध से)* इसी से मैं सुबह का ख़ून करना चाहता हूँ।

जहांनारा : *(बीच ही में)* यह सब रात-भर देखे हुए ख़्वाब का असर है, ज़ोहरत। अब्बा को कैसे राहत दी जाये?

शाहजहां : (बिगड़कर) नहीं, बेटी!...यह ख़्वाब नहीं था..बिल्कुल नहीं था।

ज़ोहरत : *(सम्हाल कर, पलंग पर बैठाती हुई)* आप लेट जायें हुजूर दादाजान। कुछ न सोचें, ख़्वाब सिर्फ सोच कर भूल जाने के लिए होता है, जग कर सोचने के लिए नहीं!

शाहजहां : *(बीच ही में)* लेकिन रात-भर मुमताज़ मेरे पास थी, यह कैसा ख़्वाब, बेटी?

ज़ोहरत : यह एक तूफ़ानी जज़्बाती ख़्वाब था, दादाजान! दिन-रात आपकी जो एक लड़ाई छिड़ी है, यह उसी का ख़्वाब था! सिर्फ ख़्वाब था...।

शाहजहां : *(दुःख से)* आह! वह ख़्वाब था! तुम दोनों सच कह रही हो?...ख़्वाब था?...*(धीरे से)* 'आँ खुदाएस्त ताला कि... तगपुर न कुनद...फ़जर नमाज़' यह सब किसी औरंगज़ेब के आदम की आवाज़ थी!

जहांनारा : हाँ, अब्बाजान!...यह सब औरंगज़ेब की आवाज़ थी। जिसे सुन कर चौंक उठे होंगे, वह भी औरंगज़ेब की आवाज़ थी!

शाहजहां : *(पीड़ा से)* औरंगज़ेब की आवाज़!

[सुबह का गजर बजता है।]

शाहजहां : *(चौंक कर उठता हुआ)* आह! आफ़ताब निकल आया... मेरी शिकस्त हुई।

जहांनारा : *(सम्हाल कर बैठाती हुई)* आप बिल्कुल न उठिए... अब्बाजान!...आराम करिए...हो जाने दीजिए सुबह... निकलने दीजिए आफ़ताब...! अभी इसकी सुनहरी किरणों से ताजमहल का रुख़सार जैसे सुहाग से रंग जायेगा। अभी यह सूना आसमान परिन्दों के प्यारे नग़मों से भर जायेगा तब अब्बाजान!...

शाहजहां : *(पीड़ा से)* नहीं बेटी! कम-से-कम मैं आज ख़ूनी आफ़ताब को तो देख लूँ।

जहांनारा : नहीं, अब्बाजान! मैं आपको कैसे समझाऊँ? कुदरत की कोई चीज़ ख़ूनी नहीं होती, सिर्फ इन्सान ख़ूनी होता है, औरंगज़ेब उसका सबूत है।

शाहजहां : उसी ख़ूनी को तो ख़त्म करने के लिए मैं...मुमताज़ से रज़ामन्दी ले रहा था।

जहांनारा : इसमें रज़ामन्दी की क्या बात?...इतना परेशान होने की क्या बात?...औरंगज़ेब का ख़ून होना चाहिए...होना चाहिए...।

शाहजहां : मैं भी इसका क़ायल हूँ...लेकिन सोचना पड़ता है कि कहीं उसकी माँ की रूह न रो दे...मुझसे मेरी मुमताज़...।

जहांनारा : अब्बाजान!...आप फिर बहुत परेशान हो रहे हैं!...जाने दीजिए इन बातों को!...मैं आपको कुरान शरीफ़ सुना रही हूँ...सुनिए अब्बाजान।

शाहजहां : नहीं बेटी!...कुरान शरीफ़ औरंगज़ेब पढ़ता है, मुझे उसकी ज़रूरत नहीं...

जहांनारा : फिर आपका दिल कैसे बदल सकता है...अब्बाजान?

शाहजहां : इसे मैं ख़ुद नहीं जानता, बेटी!

जहांनारा : क्यों, अब्बाजान?

शाहजहां : क्यों क्या?...तू फिर भी इसे पूछती है क्यों, तब मैं इसका जवाब देने की कोशिश करूँगा।

जहांनारा : ज़रूर, अब्बाजान!

शाहजहां : बेटी ज़ोहरत!...उस गुलदस्ते को मेरे हाथ में पकड़ा दे... बेटी!

ज़ोहरत : ***(पकड़ाती हुई)*** लीजिए, दादाजान!

शाहजहां : ***(गुलदस्ते को देखता हुआ)*** बेटी!...देख रही हो न, देखो... इस गुलदस्ते में सजायी हुई हरी-हरी पत्तियाँ, मुस्कराते हुए फूल किस तरह मुरझा गये हैं? क्या फिर तुम लोग इसे इसकी मुस्कराहट वापस ला सकोगी?...बोलो...जवाब दो। **[नीचे रख देता है।]**

जहांनारा : ज़रा सोच लूँ, अब्बाजान!

शाहजहां : सोचना क्या है, बेटी? तुम इसे इसकी मुस्कराहट नहीं दे सकोगी।...ठीक यही मेरी हालत है, बेटी!...मैं चाहता हूँ कि मेरी बची हुई ज़िन्दगी में रात ही रात हो। मैं ख़्वाब देखता रहूँ, मेरे ही हाथों से औरंगज़ेब की मौत होती हो...मुमताज़ ख़ुश होकर दूर से देखती हो...फिर हमेशा के लिए...वह अपनी मौत पर मुस्कुराये, मैं अपनी ज़िन्दगी पर रोऊँ!

जहांनारा : ऐसा न कहिए...अब्बाजान! आपकी ज़िन्दगी में फिर से बहार आयेगी...मुझे यक़ीन है कि इस बार ख़िज़राबाद की लड़ाई में दारा की फ़तह होगी। औरंगज़ेब की मौत होगी।

शाहजहां : ***(प्रसन्नता से)*** सच बेटी!...मेरी ज़िन्दगी में फिर से बहार!...अच्छी है...तू! ला, इस खुशी में वह दीवार के सहारे रखी हुई मेरी मुमताज़ की तस्वीर मुझे दे दे।

जहांनारा : ***(देती हुई)*** लीजिए...अब्बाजान!

शाहजहां : ***(तस्वीर देखते हुए)*** आह! मुमताज़ मुस्करा रही है!... औरंगज़ेब की मौत सुनते ही मुस्करा रही है। ***(जल्दी से)*** और तू जानती है, बेटी!...ख़ामोश आँखें क्या कह रही हैं?

जहांनारा : आपकी राहत के लिए खुदा से दुआ माँग रही हैं, अब्बाजान!

शाहजहां : ***(झूठी हँसी के साथ)*** नहीं बेटी, तू नहीं समझ सकी...ये

आँखें कह रही हैं...मेरी ज़िन्दगी में रात हो जाये, रौशनी बुझ जाये...और अँधेरे में, मैं और शहंशाह!...मेरे शहंशाह और मैं *(रुक कर जल्दी से)* और बेटी!...तू देख सकती है इन पतली लबों पर क्या मुस्करा रहा है?

ज़ोहरत : आपके लिए इल्तिज़ा और दुआएँ मुस्करा रही हैं, दादाजान!...और हसरत की किरणें फूट रही हैं।

शाहजहां : नहीं बेटी!...ये मुस्कराते हुए होंठ आज की सुबह को बद्दुआ दे रहे हैं...और...और...इन होंठों पर वे बातें साफ़ उभर आयी हैं जिन्हें मुमताज़ कहने वाली थी।

जहांनारा : वे कौन बातें थीं, अब्बाजान?

शाहजहां : यही औरंगज़ेब की क़त्ल करने में उसकी रज़ामन्दी!... *(रुक कर)*...क्या मैं ठीक रहा हूँ, बेटी! तू तो मुमताज़ की ही रूह है...देख...तू देख ले...मैं ठीक कह रहा हूँ न!

जहांनारा : *(तस्वीर लेती हुई)* हाँ, अब्बाजान! आप ठीक कह रहे हैं।

[तस्वीर को आतिशदान पर रख देती है। सहसा पृष्ठभूमि में कोई पुकारता है "ज़ोहरत! ज़ोहरत!!"]

शाहजहां : *(जल्दी से)* बेटी...ज़ोहरत!...जा बाहर देख, तुझे कोई पुकार रहा है।

ज़ोहरत : *(जाती हुई)* बहुत अच्छा...दादाजान!...

शाहजहां : *(प्रसन्नता से...उठ कर)*...दारा...तो नहीं आया!...लगता है, यह दारा की आवाज़ थी...मेरी आँखों का नूर दारा!... *(टहलता हुआ)* एक बार दिल-भर देखने की आख़िरी तमन्ना है। वह आता...तो मैं अपने हाथों से उसका मुँह धोता, उसे खाना खिलाता; उसके थके हुए पैर मलता। वह सोता...और मैं कोई नग़मा गुनगुनाता *(जल्दी से भाव बदल कर)* बेटी जहांनारा! जल्दी से तू ही देख ले...बाहर दारा ही तो नहीं आया है?...वह कहीं घायल होकर न आया हो, और बाहर ही आवाज़ देकर बेहोश हो गया हो!

[सहसा चीख़ती हुई ज़ोहरत का प्रवेश।]

ज़ोहरत : *(घबराहट से)* दादाजान!...दादाजान!! *(डर से भाग कर शाहजहां से चिपक जाती है)* शहंशाह...दादाजान!

शाहजहां : *(सम्हालता हुआ)* क्या बेटी!...बोलो...ज़ोहरत, क्या हुआ?...कौन था बाहर?

ज़ोहरत : *(डर कर)*...दादाजान! वह औरंगज़ेब का नापाक ख़ून सुल्तान था।

शाहजहां : *(आंश्चर्य से)* मुहम्मद सुल्तान!...औरंगज़ेब का लड़का! *(दुःख से)* वाह! चोरी करने तो नहीं आया था *(इधर-उधर देखकर)*। मेरी मुमताज़ की तस्वीर तो है!...हाँ...है तो! *(जल्दी से)* फिर...फिर दीवार का कान बन कर तो नहीं आया था?

ज़ोहरत : नहीं, दादाजान!...वह मुझसे यह कहने आया था कि "ज़ोहरत, मैं तुझसे मुहब्बत करता हूँ।"

शाहजहां : *(आश्चर्य से)* मुहब्बत!

ज़ोहरत : जी हाँ, दादाजान! वह कहता था कि मैं तुम्हारे पास अपनी मुहब्बत का पैग़ाम लेकर आया हूँ। वह मुझसे निकाह करने के लिए कहता था!

शाहजहां : *(परेशान)* उसने दारा के मुतालिक़ कोई खबर न दी बेटी?...

ज़ोहरत : नहीं, दादाजान! वह तो अजीब तरह से, अपने पागलपन में बेहोशी की बातें कर रहा था।

शाहजहां : *(क्रोध में)* ज़ोहरत!...तूने उसकी ज़ुबान क्यों नहीं खींच ली?

ज़ोहरत : नहीं, दादाजान। मैं उसके ख़ौफ़नाक़ चेहरे से डर गयी...।

शाहजहां : *(उत्सुकता से)* बेटी, जहांनारा!...ज़रा तू देख तो ले...वह अब तक बाहर तो नहीं खड़ा है?

जहांनारा : बहुत अच्छा, अब्बाजान।

[बाहर चली जाती है; सहसा क़िले में शाही बाजे बजने लगते हैं; ऊँचे स्वर से बिगुल विजय-ध्वनि करता है।]

शाहजहां : *(घबरा कर पुकारता हुआ)* जहांनारा!...बेटी जहांनारा!! जहांनारा!!

जहांनारा : *(दौड़ कर प्रवेश करती है)* आयी, अब्बाजान!...अब्बाजान, बाहर तो कोई नहीं है।

शाहजहां : खैर, जानें दो उसे...बेटी! क़िले में यह कैसा बाजा बज रहा है?

जहांनारा : क्यों, आप इससे इतना परेशान हो रहे हैं? आप आराम से रहिए; बजने दीजिए इन बाजों को? इसमें क्या रखा है?

शाहजहां : बेटी!...आज शहंशाह शाहजहां को डर लग रहा है...इन खौफ़नाक़ बाजे को सुनकर। उसका दिल कँप रहा है!... बता बेटी...यह क्या है?

जहांनारा : कोई ख़ास बात नहीं, अब्बाजान! आप आराम कीजिए।

शाहजहां : *(परेशान हो)* नहीं, बेटी!...तू नहीं समझती! इस ख़ौफ़नाक़ बाजे के पीछे ज़रूर कोई बात है! *(रुक कर, जल्दी से)* ओह! ज़रा देख तो लूँ; मेरा ताजमहल उसी तरह मुस्करा रहा है न! *(खिड़की से बाहर देखकर)* हाँ, मेरा ताज तो चमक रहा है...*(कमरे में घूम कर)* और मेरी मुमताज़ की तस्वीर भी है!...तब...तब...*(जल्दी से)* बेटी! बता, तब क्या बात है?

जहांनारा : क्या बात हो सकती है, अब्बाजान?...ज्यादा से ज्यादा औरंगज़ेब को कोई फ़तहयाबी मिली होगी!

शाहजहां : *(बढ़ कर...उसके मुँह पर हाथ रख कर)*...ऐसी दुआ मत दे बेटी!...बल्कि यह कह दे कि औरंगज़ेब की दूसरी शादी हो रही है!...और वह अपने बाप शहंशाह शाहजहां को क़ैद करने की ख़ुशी में...शाही बाजे बजवा रहा है?

[सहसा पायताने के दरवाज़े के बाहर से आवाज़।]

आवाज़ : *(अदब से)* शहंशाह!...क्या मैं अन्दर आ सकता हूँ?

शाहजहां : *(चौंककर)* आ सकते हो!...*(पुकार कर)* दारा! दारा!!

[दिलदार का प्रवेश।]

दिलदार : *(आदाब करके)* शहंशाह! मैं दारा नहीं...मेरा नाम दिलदार है!

शाहजहां : *(प्यार से)* दिलदार और दारा! दारा और दिलदार!...दोनों कितने नज़दीक हैं।

दिलदार : *(दुःख से)* शहंशाह! खुदा आपको राहत दे!

शाहजहां : *(आश्चर्य से दिलदार की ओर बढ़ते हुए)* दिलदार!... दिलदार!!...तुम इस तरह मुझे क्यों देख रहे हो? घबराओ नहीं, बोलो...तुम पर कौन-सी मुसीबत आन

पड़ी है?...बोलो, मैं क़ैदी हूँ...फिर भी शहंशाह शाहजहां हूँ, साफ-साफ बताओ, डरो नहीं...मैं किसी भी तरह सही,...तुम्हारी मदद करूँगा। बोलो...बोलो...तुम्हें दौलत चाहिए!...इन्साफ चाहिए...प्यार चाहिए, बोलो...!

दिलदार : *(दुःख से)* पाक-शहंशाह! मुझे कुछ नहीं चाहिए! मेरी किस्मत पर मुझे बददुआ मिलनी चाहिए...!

शाहजहां : *(दुःख से)* क्यों ऐसा कह रहे हो, दिलदार?...साफ बताओ, मैं तुम्हारी रोती हुई किस्मत को मुस्कराहट लुटा सकता हूँ।

दिलदार : *(पीड़ा और रुँधे गले से)* शहंशाह!

शाहजहां : *(उत्सुकता से)* हाँ, हाँ, बोलो!...रुक क्यों गये? *(आश्चर्य से)* अरे! तुम्हारी आँखें इस तरह रो रही हैं? *(प्यार से नज़दीक जाकर)* मत रोओ, मुझे मालूम हो गया; औरंगज़ेब ने तुम्हारा घर जलवा दिया होगा? तुम्हारे बच्चों को मरवा डाला हो, और तुम्हें ज़िन्दगी भर रोने के लिए अकेला छोड़ दिया होगा...लेकिन घबराओ नहीं, तुम्हारी आँखें एक शहंशाह के सामने रोई हैं! तुम्हें यह शहंशाह हर तरह से राहत देगा!...घबराओ नहीं!

दिलदार : *(और पीड़ा से)* शहंशाह! आह, आप कितनी बुलन्दी पर हैं! *(जल्दी से)* लेकिन शहंशाह! मैं अर्ज़ करता हूँ कि आप अपने ही हाथों से मुझे क़त्ल कर दीजिए...मैं आपको एक बहुत बुरी ख़बर देने आया हूँ।

शाहजहां : *(आश्चर्य से)* दिल्ली का तख़्त तो नहीं जल गया?

दिलदार : नहीं, आलमपनाह!...उससे भी बुरी ख़बर—औरंगज़ेब ने शाहजहां दारा को...!

[वाद्यस्वर की तीखी झंकार; दिलदार बाहर चला जाता है।]

शाहजहां : *(पीड़ा से चीख़ कर)* आह! क़त्ल कर डाला!

[दर्द से सर थाम कर बैठ जाता है, जहांनारा और ज़ोहरत, दोनों चीख़ती हैं। दर्द भरी आवाज़ से पृष्ठभूमि भर जाती है।]

आह! दारा मर गया! आह! दारा शिकोह!...दारा!... दारा!!...आह, शाहजहां तू अब भी ज़िन्दा है।

[स्वयं सँभल कर जहांनारा और ज़ोहरत को सँभालता हुआ।]

ख़ामोश हो जाओ बेटी...ज़ोहरत! अभी मैं ज़िन्दा हूँ, बेटी जहांनारा...नूर चश्मी! खुदा को याद कर!

ज़ोहरत : ***(पीड़ा से)*** दादाजान!...मेरे अब्बा कहाँ हैं?...आह! मेरी अम्मी!!

शाहजहां : ***(समझाता हुआ)*** घबराओ नहीं ज़ोहरत! ***(पुकार कर)*** बेटी जहांनारा...ज़रा इस खिड़की से बाहर तो देख!...आसमान उसी तरह ख़ामोश है कि फट कर टुकड़े-टुकड़े हो गया है? जमुना में तूफ़ान तो नहीं आया?...देख बेटी...सड़क पर अब भी इन्सान चल रहे हैं?

जहांनारा : ***(पीड़ा से)*** अब्बा! हम लोगों की मौत क्यों नहीं हो जाती?...आह! दारा!!

शाहजहां : ***(उठ कर)*** नहीं, बेटी...ज़रा उठ के देख तो ले...कहीं ताजमहल तो नहीं रो रहा है?

[सब चुप होकर देखते हैं।]

जहांनारा : कुछ नहीं, अब्बाजान!...आप अपने दिमाग़ पर इसका असर न डालें!...आपका ताजमहल तो हमेशा की तरह मुस्करा रहा है!...अब्बाजान!...

शाहजहां : ***(पागलों की तरह घूम कर)*** और,...यह मुमताज़ की तस्वीर तो नहीं रो रही है!...(तस्वीर के पास जाकर) मुमताज़!... औरंगज़ेब ने तेरे दारा का क़त्ल कर डाला!! ***(सहसा रुक कर)*** ओह, ओ!!...बेटी, अब समझा मुमताज़ तो गुस्से से सुर्ख़ हो गयी है, वह औरंगज़ेब का फौरन मौत की सज़ा दे रही है। देख बेटी! तू भी देख ले...मैं ठीक कह रहा हूँ न!...इसके लबों से औरंगज़ेब को फ़ौरन क़त्ल के हुक्म की आवाज़ आ रही है न!

जहांनारा : अब्बाजान!...हुज़ूर अब्बाजान!

शाहजहां : ***(साँसे लेता हुआ)*** अच्छा ख़ुदा हाफ़िज़! मुमताज़ की ही तो रज़ामन्दी मुझे देर थी...! अच्छा...ख़ुदा हाफ़िज़! ***(पुकार कर)*** दिलदार! दिलदार!!

दिलदार : ***(प्रवेश कर)*** हुक्म...जहाँपनाह!

शाहजहां : ***(गम्भीरता से)*** सुनो, दिलदार!...मैं इस वक़्त औरंगज़ेब से मिलना चाहता हूँ...तुम फ़ौरन औरंगज़ेब के पास जाओ...और उससे कहो कि शाहजहां की मौत हो रही है, और वह आख़िरी वक़्त तुम्हें देखना चाहता है!... जाओ, जल्दी भेजो!

दिलदार : ***(जाता हुआ, अदब से)*** बेहतर...जहाँपनाह!

शाहजहां : ***(चारों ओर देखकर, गम्भीरता से)*** बेटी! जहांनारा! ज़ोहरत...!

सम्मिलित स्वर में : जी; क़िब्लेआलम।

शाहजहां : इधर आ जाओ, पास आ जाओ,...सुनो...पास आ जाओ... सुनो, मैं अब ज़हरीली कटार कुर्ते की आस्तीन में छिपा रहा हूँ।

जहांनारा : ***(डर से)*** अब्बा!

शाहजहां : घबराओ नहीं, बेटी!...सुनो...तुम जल्दी से ओढ़नी में मेरा तीखा ख़ंजर छिपाओ और बेटी ज़ोहरत!

ज़ोहरत : जी,...दादाजान!

शाहजहां : मेरी नागन-सी भुजाली तुम अपनी कमर में छिपाओ! जल्दी करो।

दोनों मिलकर : ***(उत्सुकता और भय से)*** इससे क्या होगा अब्बाजान?

शाहजहां : ***(साँस लेकर)*** इससे बहुत बड़ा काम होगा, बाप अपने दुश्मन बेटे से बदला लेगा, उसमी अम्मी खुश होगी...। औरंगज़ेब मुझसे मिलने आ रहा है, मैं उससे गले मिलूँगा। वह इस खुशी में पागल होगा, मैं उसे सीने से चिपका कर मिलूँगा ***(जल्दी से)*** और अपनी ज़हरीली कटार उसके सीने में भोंक दूँगा!

जहांनारा : (प्रसन्नता से) बहुत अच्छे, अब्बाजान!

दिलदार : सच, दादाजान!

शाहजहां : हाँ, बेटी!...उसी वक़्त तुम अपना तीखा ख़ंजर और तुम अपनी नागन-सी भुजाली उसके पेट में भोंक देना। और तब यह होगा दारा के ख़ून का बदला, अब्बा के आँसुओं का बदला, नादिरा के सुहाग का बदला! सिपर

और सुलेमान, दो नन्हे शाहज़ादों की भूख और तड़पन का बदला!

[दोनों जल्दी से अपने कमरे में जाती हैं और अपना-अपना हथियार छिपा कर लौटती हैं। शाहजहां को कटार देती हुई।]

जहांनारा : हम सब तैयार हैं, अब्बाजान! इसके लिए जल्दी की जाय...।

शाहजहां : ***(कटार को अस्तीन में छिपाता हुआ)*** बेटी! शमादान पर अब तक रौशनी हो रही है?...नहीं, रौशनी बुझा दो!... हमें रौशनी नहीं चाहिए...हमें अँधेरा चाहिए...।

ज़ोहरत : ***(बुझाती हुई)*** अच्छा, दादाजान!

शाहजहां : ठीक!...शाबाश शाहज़ादियो!...डरना नहीं...आज न जाने कितनी दुश्मनियों का बदला लिया जायेगा,...और अभी ताजमहल मुस्करायेगा, अभी मुमताज़ की यह तस्वीर खुश हो जायेगी।

[कमरे के बाहर किसी के आने की आहट।]

बाहर से आवाज़ : अब्बाजान!...क्या औरंगज़ेब अन्दर आ सकता है?

शाहजहां : ***(प्रसन्नता से)*** ओह!...बेटा...आओ मेरे लख़्ते जिगर आओ...!

औरंगज़ेब : ***(प्रवेश करके)*** आदाब, अब्बाजान!

शाहजहां : ख़ुदा हाफ़िज़...बेटा...आओ...आओ मेरे फ़तहयाब बेटा! तुझे खुदा देखे!!

औरंगज़ेब : मुझे माफ़ कीजिएगा, अब्बाजान! मैंने जो कुछ किया है, वह सल्तनत के लिए किया है!

शाहजहां : ***(बीच ही में)*** शाबाश बेटा! मैं तुझसे बहुत खुश हूँ; सच है बेटा...सल्तनत भाई के ख़ून और अब्बा के आँसुओं से लाखों गुना क़ीमती है।...आओ...बेटा...आज मैं तुझसे गले मिलूँगा!

औरंगज़ेब : ***(प्रसन्नता से)*** मेरी ख़ुशक़िस्मती, अब्बाजान! खुदा आपको राहत दे। ***(हाथ बढ़ा कर)*** आइए अब्बाजान, आज बेटे का दिल अब्बा के दिल से मिलने के लिए उसी तरह

मचल रहा है; जैसे मैं बचपन में प्यारी अम्मी की गोद के लिए मचला करता था।

शाहजहां : *(काँपती हुई वाणी से)* अच्छा, बेटा आओ...गले मिलें... *(समीप आते ही काँप कर हटते हुए)* नहीं...बेटा...रुको... अभी गले मिल रहा हूँ, रुक जाओ...*(तस्वीर की ओर मुड़ कर)* यह मुमताज़ की तस्वीर...।

[मुमताज़ की तस्वीर देखने लगता है।]

औरंगज़ेब : अब्बाजान!...क्या तकलीफ़ हो गयी आपको...? आइए मुझसे मिलिए...क्या कर रहे हैं आप?

शाहजहां : *(काँप कर)* मैं जरा मुमताज़ की तस्वीर देखने लगा था *(स्वयं से)* तस्वीर तस्वीर ही तो है!

[तस्वीर को पलट देता है।]

जहांनारा : अब्बाजान!...अम्मी की तस्वीर आपने क्यों उलट दी?... जल्दी भाईजान से गले मिलिए।

शाहजहां : *(औरंगज़ेब की ओर बढ़ कर)* अब मिलता हूँ, बेटी!... *(औरंगज़ेब की ओर हाथ बढ़ा कर)* आओ बेटा,...अब गले मिल लूँ, आओ *(जैसे ही मिलने लगता है...फौरन चौंक कर हटता हुआ)*...नहीं...नहीं...बेटा!...रुक जाओ... एक लम्हा रुक जाओ...अभी...अभी!

[दौड़ कर खिड़की से ताजमहल को देखने लगता है।]

जहांनारा : *(घबरा कर)* अब्बाजान! आप क्या कह रहे हैं? इसी वक़्त ताजमहल भी देखने की ज़रूरत पड़ गयी? जल्दी भाईजान से गले मिलिए!

शाहजहां : *(घूम कर...पागलों की भाँति चीख़ उठता है)* औरंगज़ेब की अम्मी रो रही है!...जोहरा! मेरा ताजमहल रो रहा है!...बेटी!...बेटी!

[शाहजहां लड़खड़ा कर गिरने लगता है...औरंगज़ेब बढ़ कर उसे बचाता है; सहसा उसकी आस्तीन से कटार नीचे गिरती है।]

धर्मवीर भारती

धर्मवीर भारती का जन्म 25 दिसम्बर 1926 को इलाहाबाद में हुआ। बचपन में पिता की मृत्यु हो जाने से किशोरावस्था से ही गहरा आर्थिक संघर्ष करना पड़ा।

1945 में प्रयाग विश्वविद्यालय में हिन्दी में सर्वाधिक अंक प्राप्त कर 'चिन्तामणि घोष' पदक जीता और 1946 में हिन्दी में प्रथम श्रेणी में एम.ए.। उसी बीच में आजीविका के लिए 'अभ्युदय' तथा 'संगम' में उप-सम्पादक रहे।

डॉ. धीरेन्द्र वर्मा के निर्देशन में 'सिद्ध साहित्य' पर शोध कर 1954 में पीएच.डी. की उपाधि प्राप्त की और विश्वविद्यालय में हिन्दी विभाग में प्राध्यापक नियुक्त हुए। उन्हीं दिनों 'परिमल' संस्था में सक्रिय तथा कविता, नाटक, उपन्यास, कहानी, समीक्षा अनेक विधाओं में महत्त्वपूर्ण लेखन।

सन् 1960 में 'धर्मयुग' के प्रमुख सम्पादक बनकर बम्बई आये और 1987 तक सम्पादन कर पत्रकारिता में एक विशिष्ट सांस्कृतिक मानदण्ड स्थापित किया। अब तक लगभग एक दर्जन यशस्वी कृतियों के साथ धर्मवीर भारती ग्रन्थावली भी प्रकाशित।

इंग्लैण्ड, पश्चिम जर्मनी, इंडोनेशिया, थाईलैंड, मॉरिशस, चीन तीन बार तथा बांग्लादेश की यात्राएँ।

अलंकरण : 1972 में पद्मश्री तथा अनेकानेक पुरस्कारों (राजेन्द्र प्रसाद शिखर सम्मान, बिहार; भारत भारती सम्मान, उ.प्र.; महाराष्ट्र गौरव; तथा कौडिया न्यास पुरस्कार आदि) से सम्मानित।

रचनाएँ

कविता–ठंडा लोहा, कनुप्रिया, सात गीत वर्ष, सपना अभी भी, आद्यन्त।

पद्य नाट्य–अन्धा युग

उपन्यास–सूरज का सातवाँ घोड़ा, गुनाहों का देवता, ग्यारह सपनों का देश, प्रारम्भ और समापन।

कहानी-संग्रह–चाँद और टूटे हुए लोग, मुर्दों का गाँव, स्वर्ग और पृथ्वी, बन्द गली का आख़िरी मकान, साँस की कलम से, समस्त कहानियाँ एक साथ।

निबन्ध–ठेले पर हिमालय, पश्यन्ती।

कहानियाँ–अनकही, नदी प्यासी थी, नील झील।

आलोचना–प्रगतिवाद : एक समीक्षा, मानव मूल्य और साहित्य।

4 सितम्बर 1997 को देहावसान।

एकांकी का सार : 'आवाज़ का नीलाम'

'आवाज़ का नीलाम' धर्मवीर भारती का सफल और प्रतिनिधि एकांकी है। इसमें आवाज़ एक पत्र ही नहीं पात्र भी है जो अभिव्यक्ति-स्वातन्त्र्य का प्रतीक है। मध्यम वर्ग की साधनहीनता और अक्षमताओं तथा पूँजीवादी वर्ग की स्वार्थपरता एवं अमानुषिकता पर इस नाटक में तीखा व्यंग्य किया गया है। एक तीव्र नाटकीय स्थिति उभारकर लेखक ने अपनी बात को सशक्त तरीके से प्रस्तुत किया है। दिवाकर एक स्वतन्त्रचेता सम्पादक है जो 'आवाज़' के व्यक्तित्व के लिए सबकुछ बलिदान कर देता है। इसका एक ही लक्ष्य है कि इसका पत्र "भूखी-नंगी जनता की आवाज़ बन सके, सत्य की आवाज़ बन सके।" आज की व्यावसायिक दौड़ में यह एकांकी समाज को मूल्यों की रक्षा की प्रेरणा देता है। रंगमंच की दृष्टि से यह एकांकी बहुत सफल है।

आवाज़ का नीलाम

●

धर्मवीर भारती

पात्र–परिचय

दिवाकर : एक पत्रकार
बाजोरिया : एक सेठ
घटना-काल : 1947 में स्वतन्त्रता मिलने के बाद

[यह आवाज़ सम्पादक दिवाकर का कमरा। एक तरफ एक तख्त। बड़ी-सी मेज पर अखबार, कागज, सोख्ता, पिन, कुशन, ऐश-ट्रे, टेबल,-कैलेण्डर वगैरह बहुत अस्त- व्यस्त हालत में। कागज बिखरे हैं, पेपर-वेट ऐश-ट्रे पर रखा है, पिन कुशन खाली है, पिनें मेज पर पड़ी हैं, सिगरेट की राख पिन कुशन के पास इकट्ठा है। बगल में एक तिपाई पर टेलीफोन रक्खा है। और मैल से धुँधला पड़ गया है। तस्वीर के नीचे ही दीवार में साप्ताहिक आवाज की फाइल टँगी है। एक दूसरी कील पर दिवाकर का कोट।

मेज पर पैर फैलाये हुए दिवाकर अपनी कुर्सी पर बैठा है। मैला पैण्ट, कमीज के बटन खुले हुए सिगरेट ऐश-ट्रे के सहारे रक्खी हुई सुलग रही है। बाल बिखरे हुए, कालर अस्तव्यस्त, सिर कुर्सी की पीठ पर टिका हुआ, आँखें छत पर टिकी हुई, सूनी-सूनी विचित्र सी मुद्रा। सामने ही एक छोटा-सा जापानी ट्वाय पियानो रक्खा है जिसे

वह अपने फाउण्टेन पेन से टुनटुना रहा है। लम्बी-लम्बी गहरी साँसे, उचटा-उचआ हुआ-साअमंगल-सावातावरण। सहसा टेलीफोन की घण्टी बज उठती है। वह चोंगा हाथ में उठा लेता है।]

दिवाकर : हलो... कौन, बाजोरिया जी...हाँ यही हूँ। ...नहीं अस्पताल नहीं गया, आपरेशन तो सुबह हुआ था...जी, जब मैं आया तब वो वाइफ को नींद आ गयी थी...हाँ, आज भर खतरा है...देखें क्या होता है...हाँ, आप आइए, हाँ, कोई बात नहीं...अच्छा-अच्छा-अच्छा मैं यहीं हूँ, बड़ी कृपा। *(टेलीफोन रख देता है, दाँत पीसकर टेलीफोन की ओर देखता हुआ)* कृपा! बेईमान, कमीना, मैं खूब समझता हूँ तुम्हारी कृपा। आज 10 साल से जब मैंने अपनी एक-एक हड्डी जलाकर अखबार निकाला, सरकार से लड़ा, सेठों से लड़ा, जमानतें दीं, घर बिक गया, बीवी सूखकर कंकाल हो गयी, तब किसी ने दया नहीं दिखायी। मैंने किसी के सामने सिर झुकाना जो नहीं सीखा था। आज जब अ़खबार बेच रहा हूँ तो दिन मैं तीन-तीन मर्तबा टेलीफोन से हाल पूछा जाता है। कितनी चिन्ता है सेठ बाजोरिया को? पाँच मिनट में आ रहे हैं। *(गहरी साँस लेकर)* पाँच मिनट! *(पिन से पियानो के पर्दे झंकारता है और गिनता है–)* एक...दो...तीन...तार...पाँच मिनट *(उठकर दीवार पर से आवाज की फाइल उतारता है। उसे बच्चों की तरह गोद में लेकर टहलता है।)* बस पाँच-दस मिनट और! उसके बाद तुम मेरे नहीं रहोगे। मैं दस्तख़त कर दूँगा और तुम बिक जाओगे। कितनी साध से मैंने तुम्हें निकाला था, कितनी लगन से, कितनी मुसीबतें झेल कर तुम्हें चलाया था। याद है तुम्हें! जब तुम्हारा विशेषांक निकल रहा था, और शीला सीढ़ी पर से गिर पड़ी थी, लेकिन मैं उसके पास नहीं था। याद है जब शीला की दवा के रुपये से मैंने सत्तार प्रेस वाला टाइप खरीद लिय था। मैं तुम्हारे लिए सब कुछ भूल गया था, अपने को,

अपनी फूलों जैसी बच्ची को, अपनी शीला को, महज इसलिए कि तुम मेरी आत्मा की आवाज बन सको, मेरी नंगी-भूखी जनता की आवाज बन सको। सत्य की आवाज बन सको लेकिन नहीं...अब तुम बाजोरिया की आवाज बनोगे। *(आवेश से)* तुम्हारा नीलाम होगा। *(नीलाम करने वालों की सी आवाज में)* आवाज, आवाजा जनता की आवाज, आत्मा की आवाज, सच्चाई की आवाज। नीलामी बोली 6 आना, साढ़े 6 आना एक...साढ़े 6 आना तीन! *(कुर्सी पर धम्म से बैठ जाता है, गिर सा पड़ता है। दो क्षण की खामोशी। फिर एक अजब सी हँसी, लुटी-लुटी हुई सी...सहसा फोन उठाता है–)* हलो...मैं हूँ दिवाकर, कहिए...हाँ, हाँ अच्छा शीला जाग गयी है? ...मुझे बुला रही है...ठीक है! मैं अभी आया...हालात ठीक नहीं है, ...कोई खतरा नहीं...तब ठीक है! अच्छा कोई बात हो तो फोन करना?

[इसी बीच में सेठ बाजोरिया आते हैं। खद्दरधारी, बहुत स्थूलकाय नहीं। चेहरे पर शालीनता। आते ही पूछते हैं, कहिए मिस्टर दिवाकर! फिर दिवाकर को फोन करते हुए देखकर 'ओह' कहकर रुक जाते हैं, दिवाकर के संकेत करने पर बैठ जाते हैं]

बाजोरिया : *(दिवाकर के फोल कर चुकने पर)* क्या हाल है वाइफ का? हलो...कौन, बाजोरिया जी...हाँ यही हूँ। ...नहीं अस्पताल नहीं

दिवाकर : एक अजब-सी तीखी और नपुंसक लाचारी से उसकी ओर देखता है, फिर एक अजब-सी हँसी हँसकर बैठ जाता है। कुछ जवाब नहीं देता, सिर झुकाकर बैठ जाता है और पेन से पियानो को झंकारने लग जाता है।

बाजोरिया : *(और आगे कुर्सी खिसकाकर चेहरे पर बहुत आत्मीयता लाकर, स्वर में बहुत सहानुभूति भरकर–)* क्या बात है दिवाकर जी? समथिंग सीरिसय?

दिवाकर : कोई बात नहीं है सेठ जी! *(गहरी साँस लेकर)* बात क्या होती। मेरी कुछ अजब-सी आदत है। जब मन बहुत

परेशान होता है तो यह पियानो बजाने लगता हूँ। जाने क्यों...लेकिन...आप भी सोचते होंगे...

बाजोरिया : *(कुछ मुस्काराकर)* नहीं, नहीं नर्वस टेन्शन में अक्सर ऐसा होता है। लेकिन यह बच्चों का पियानो? *(हँसता है, दिवाकर भी हँसता है।)*

दिवाकर : (पियानो हटा कर) क्या बताऊँ? अखबार की दुनिया में रोज खबरें आती हैं। हड़तालों के नारे, लड़ाइयों का शोरगुल, सेनाओं की परेडें, जंगी जहानों का घर्राटा लेकिन मुझे सब, इतने बेमानी, इतने खोखले लगते हैं जितने इस बचकाने खिलौने के स्वर। लेकिन कभी-कभी लगता है, इन्हीं ध्वंस और विनाश की आवाजों में कहीं नये इन्सान की आवाज का भी निर्माण हो रहा है। मैंने सोचा उस आवाज को जिन्दा रखने के लिए, उसे ऊपर लाने के लिए मैं अपनी हस्ती को मिटा दूँगा, वही आवाज मेरी जिन्दगी होगी। इसीलिए...

बाजोरिया : शायद इसीलिए अपने-अपने अखबार का नाम आवाज रखा था।

दिवाकर : जी हाँ! और इस आवाज के लिए अपने को बर्बाद कर दिया था, लेकिन जनता नये इन्सान की आवाज नहीं सुनना चाहती। उसे सच्चाई की आवाज नहीं चाहिए। उसे चाहिए शोख कवर, भड़कीले चित्र, रंग-बिरंगे विशेषांक...वह सब जो उसे सेठ बाजोरिया के अखबार में मिलता है।

बाजोरिया : देखिए! यह पर्सनल रिमार्क आपको शोभा नहीं देता दिवाकरजी, आप मुझे बिल्कुल गलत समझ रहे हैं। मेरा कतई यह इरादा नहीं कि मैं जनता को गुमराह करूँ। बात यह है दिवाकरजी, कि मुझे साहित्य और पत्रकारिता से कुछ इतना लगाव है कि दिन-रात मैं सोचता हूँ कि हमारे यहाँ भी अमरीका की तरह सजे-सजाये अखबार निकलें, सस्ते से सस्ते, सुन्दर से सुन्दर। ज्यादा से ज्यादा जनता उन्हें पढ़े! उसका सांस्कृतिक स्तर ऊँचा हो।

दिवाकर : सांस्कृतिक स्तर ऊँचा हो। *(व्यंग्य से हँकर)* इधर तमाम

लोगों को सांस्कृतिक स्तर सुधारने की बीमारी लगी है। कोई टाइम्स खरीद रहा है, तो कोई लाइमलाइट! आप...

बाजोरिया : *(बात काटकर)* मैं भी आवाज खरीदकर वहीं करना चहता हूँ, यही मतलब है न आपका? *(कड़े स्वर में)* मिस्टर दिवाकर! दुनिया भी कितनी स्वाथी होती है। कितनी अहसान फरामोश होती है। *(उठकर टहलने लगता है।)* आपको जरूरत थी, आपने सन्देश कहलाया था, आप इस वक़्त मदद चाहते थे। और जब मैं आवाज के शेयर खरीदने के लिए राजी हो गया तो आप इस तरह चोटें कर रहे हैं। *(मुड़कर खड़े होकर)* शायद आप समझ नहीं रहे हैं कि आप अपने पैरों में कुल्हाड़ी मार रहे हैं।

दिवाकर : *(सुस्त पड़कर, पियानो पर सिर रखकर)* भूल गया था मैं! गरजमन्द मैं हूँ, आप तो ग्राहक हैं। आपकी तो चार बात...

बाजोरिया : *(मेज पर झुककर बड़े मुलायम स्वरों में)* नहीं-नहीं, मेरा यह मतलब...

दिवाकर : नहीं मैं समझता हूँ महीने भर से मेरी पत्नी की बीमारी पर आपने पानी की तरह रुपया बहाया है...

बाजोरिया : *(कुर्सी पर बैठकर)* छिः छिः दिवाकर जी! ऐसी बातें कहकर जलील न कीजिए। *(बहुत स्नेह से उसका हाथ अपने हाथ में लेकर)* यह मैंने आप पर एहसान नहीं किया है। आपने अपनी जिन्दगी में जितना त्याग किया है, जितनी साधना की है, उसके लिए हमारे दिल में कितनी श्रद्धा है, यह आप समझ भी नहीं सकते।

दिवाकर : *(पियानो टुनकारते हुए)* अच्छा है मैं न समझ सकूँ, बाजोरिया जी। अब साधना और तपस्या के दिन भी नहीं रह गये। अब कलम की शान और विचारक की आजादी का भी तो कोई अर्थ नहीं रहा। अब तो अगर मैं आपके पत्र में हूँ तो आपका ढोल बजाऊँ, उसके पत्र में हूँ तो...

बाजोरिया : *(बाजोरिया थोड़ा अप्रतिभ हो जाता है)* मैं और लोगों की बात नहीं जानता, लेकिन जहाँ तक मेरा सम्बन्ध

है, कम से कम आपसे मैं इस तरह की बात सुनने की उम्मीद नहीं करता था। पाँच अखबार हैं मेरे। क्या आप बता सकते हैं कि मैंने किसी के सम्पादक पर कभी कोई प्रतिबन्ध लगाया है?

दिवाकर : *(ठण्डे फौलाद के से स्वर में)* बाजोरिया किसी आदमी का सबसे बड़ा गुनाह यह है कि वह दूसरे आदमी को अपने बारे में सच बोलने के लिए मजबूर कर दे।

बाजोरिया : *(भौंह सिकोड़कर)* क्या मतलब?

दिवाकर : क्या मतलब...*(तैश से)* क्या आप कह सकते हैं कि आपने प्रतिबन्ध नहीं लगाया है? चैटर्जी ने उस दिन गृहमन्त्री के वक्तव्य पर टिप्पणी लिखी थी। उस पर किसने चैटर्जी को कमरे में बुलाकर डाँटा था।

बाजोरिया : *(तैश में मेज पर हाथ पटककर)* यह गलत बात है।

दिवाकर : यह सही बात है। आप जानते हैं, जब चटर्जी को 60 रुपये मिलते थे तब वह सम्पादकीय लिखता था, आज जब आप उसे ढाई सौ दे रहे हैं तब वह डिक्टेशन लिखता है। आपका डिक्टेशन, जिसने अपनी जिन्दकी में सिवा बही खाते के कुछ भी न लिखा होगा...

बाजोरिया : लेकिन...

दिवाकर : लेकिन क्या? आप मालिक हैं, आप उसे डाँट सकते हैं। उसे जिसके बाल अखबार-नवीसी में सफ़ेद हो चुके हैं।

बाजोरिया : *(दोनों मुट्ठियाँ बाँधकर, बड़ी खीज से)* मुझे अफसोस है, मिस्टर दिवाकर, कि आप भी अधकचरे साम्यवादियों की तरह बातें करने लगे हैं। हर चीज को एक ही पहलू से आप क्यों देखते हैं? अगर मैंने चैटर्जी को डाँटा भी तो उसमें कोई पूँजीवादी राजनीति तो नहीं थी।

दिवाकर : (बड़े तीखे व्यंगय से) नहीं जी, उसमें तो गाँधीवादी अध्यात्म था।

बाजोरिया : दिवाकरजी, *(उठकर टहलने लगता है)* उसमें गाँधीवादी अध्यात्म नहीं, लेकिन कम से कम वैयक्तिक सम्बन्धों की बात तो जरूर है। गृहमन्त्री मेरे मित्र हैं। क्या आप चाहेंगे कि आपके पत्र में आपके मित्रों की बुराई निकले?

दिवाकर : ओफ्फोह! आज गृहमन्त्री आपके मित्र हैं...लेकिन सन् 42 में गृहमन्त्री आपके मित्र नहीं थे जब पुलिस उन्हें हथकड़ियाँ पहनाकर आपके दरवाजे से ले गयी थी! उस दिन आप उनसे दौड़कर गले नहीं मिले थे...उस दिन आप मिलेटरी के लिए ठीके ले रहे थे और आपके अखबार अंग्रेजी सरकार का विज्ञापन छाप रहे थे कि कांग्रेस वाले गुण्डे हैं। कम से कम चैटर्जी ने गृहमन्त्री को गुण्डा तो नहीं लिखा था।

बाजोरिया : *(टहलते टहलते)* चैटर्जी की बात जाने दीजिए, दिवाकर जी; उसके साथ सैकड़ों बातें हैं। असलियत समझना दूसरी बात है, व्यंग्य करना दूसरी बात। अग आपका कोई अखबर होता...

दिवाकर : गोया यह आपका अखबार है!

[टेलीफोन की घण्टी बोलती है।]

बाजोरिया : ओह, माफ कीजिएगा, मैं भूल गया था।

दिवाकर : नहीं, नहीं मै। भूल गया था बाजोरिया जी। *(टेलीफोन की घण्टी)* मैंने, मैंने आपको बुलाया था कि आज अखबार बेच ही दूँगा। लेकिन नहीं, भीख माँग कर अखबार निकालूँगा, फर्नीचर बेचकर अखबार निकालूँगा, अपने ख़ून से छापूँगा, लेकिन आपके हाथ नहीं बेचूँगा। *(टेलीफोन की घण्टी, तैश में रिसीवर उठाकर फिर पटक देता है।)* नहीं बेचूँगा। मैं आपका रुपया एक-एक पाई चुका दूँगा...*(फिर टेलीफोन की घण्टी)*

बाजोरिया : *(बात काटकर)* दिवाकरजी आप मुझे गलत समझ रहे हैं।

दिवाकर : मैं खूब समझने लगा हूँ आप लोगों को! *(फिर टेलीफोन क़ी लम्बी रिंग, झल्लाकर उठाता है। हाथ से ठोकर लगकर पियानो गिर जाता है।)* उफ, ये भी कमबख्त आफत है। (ज़ोर से झल्लाकर) जी हाँ...जी हाँ...कह तो दिया, जी हाँ...*(कडुवे स्वर से)* क्या...*(सहसा मुखमुद्रा एकदम बदल जाती है)* नाड़ी डूब रही है...*(बहुत भयभीत स्वर में)* बहुत खतरा है...*(व्यग्र स्वर में)* कै फायल लेता जाऊँ...तीन इन्जेक्शन? मैं अभी लेकर आया...किसी तरह बचाइए

उसे डाक्टर साहब...सुनिए, सुनिए...*(निराश होकर फोन रख देता है—कुछ सोचते हुए)* तीन फायदा...उन्तालीस रुपया और एक सौ पचीस हु...आ...एक सौ चौवन...नहीं एक सौ चौंसठ।

बाजोरिया : *(पास आकर)* कैसी हालत है वाइफ की दिवाकरजी?

दिवाकर : *(बिना सुने हुए, उसी धुन में)* मेरे पास कुल है *(खड़े होकर, जेब में हाथ डालकर)* अरे कहाँ गये रुपये? *(सारी मेज छान डालता है, फिर घड़ी देखता है, फिर ड्राअर में देखता है। फिर बिल्कुल स्तब्ध-सा खड़ा हो जाता है।)*

बाजोरिया : आप परेशान क्यों हैं? *(जेब से नोटों का बण्डल निकालता है, दिवाकर उधर ध्यान नहीं देता, स्तब्ध खड़ा है, फिर दाँत पीसकर माथा ठोंकता है।)*

बाजोरिया : दिवाकरजी, आप क्या कर रहे हैं। लीजिए ये हैं रुपये, बाहर कार खड़ी है। *(कन्धे पर हाथ रखकर)* चलिए जल्दी अस्पताल चलें।

[दिवाकर बिल्कुल पत्थर की तरह खड़ा रहता है। जैसे वह संज्ञाशून्य हो, चेतनाहत हो, फिर मुड़कर कोट उतारकर पहनता है, फिर सेठजी की ओर बड़ी कातर निगाहों से देखत हुआ, जैसे अभी रो देगा...]

दिवाकर : हालत...उसकी हालत ठीक नहीं सेठजी...

बाजोरिया : *(घड़ी देखकर)* जल्दी कीजिए।

दिवाकर : *(पास आकर, बहुत पास आकर, सेठजी के दोनों कन्धों पर हाथ रखकर)* आप देवता हैं आप देवता हैं सेठजी! मैं पागल हूँ मैं पागल हो गया था। अखबार आपका है। पहले मैं कागजों पर दस्तखत कर दूँ...

बाजोरिया : छिः! आप कैसी बात करते हैं। मैं अखबार नहीं...

दिवाकर : *(बात काटकर, चीखकर)* मैं तो अखबार बेचूँगा। आपने कितना किया है मेरे लिए। आपने शीला की जान बचायी है, और मैं आप पर अविश्वास करता हूँ। *(चीखते और दाँत को पीसते हुए)* मैं अहसान फरामोश हूँ, लाइए कागज लाइए। *(बाजोरिया कागज निकाल देता है। दिवाकर बैठ जाता है। कागज खोलकर देखता है, फिर दस्तखत करता*

है। आवेश कुछ शान्त-सा पड़ गया है, एक निगाह उठाकर बाजोरिया की ओर देखता है, फिर बड़ी दर्द-भरी मुस्कराहट...)

[हाथ उस स्थान पर बढ़ाते हुए जहाँ पियानो रखा था।]

दूसरा कागज? (पेन टुनकारता है, पर पियानो न पाकर कहता है—अरे मेरा पियानो कहा गया? *(बाजोरिया उधर इशारा करता है, झुककर नीचे देखता है, फिर हँसकर)* डैम इट, कहाँ से दूसरा कागज? *(पैर से पियानो ठुकरा देता है। बाजोरिया दूसरा कागज देता है, दिवाकर दस्तखत करता है। फोन की घण्टी बजती है। दिवाकर दस्तखत करके कागज फिर पढ़ता है। फोन की घण्टी फिर बजती है। वह कागज मेज पर रख देजा है। रिसीवर उठाता है। बाजोरिया कागज उठाकर अपने हाथ में लेकर पढ़ने लगता है—)*

दिवाकर : *(फोन पर)* हलो...हाँ हाँ, कहिए न, ...मैं ही हूँ माई गॉड! *(टेलीफोन पटककर उछल पड़ता है। बहुत ही उल्लास से—)* बाजोरिया! बाजोरिया जी, कितना दयावान है ईश्वर! कैसे मौके पर बाँह पकड़ता है। मेरी मुसीबतें खत्म हो गयी दोस्त। मैं अब आवाज नहीं बेचूँगा। *(दाँत पीसकर)* माई वाईफ इज डेड!

बाजोरिया : क्या कह रहे हैं आप?

दिवाकर : *(ऊँचे गले से)* मैं सच कह रहा हूँ, बाजोरिया जी। अभी उसका हार्टफेल हो गया। *(गहरी साँस लेकर)* अब आवाज बेचने की जरूरत नहीं।

बाजोरिया : आप पागल हो गये हैं। वह तो आप बेच चुके हैं, बैनामा मेरे पास है। चलिए जल्दी अस्पताल।

दिवाकर : *(झट से मुड़कर मेज की ओर देखता है)* कहाँ गये कागजात? लाओ उन्हें। मैं नहीं बेचूँगा

बाजोरिया : (उन्हें जेब में रखकर) आप पागल हो गये हैं।

दिवाकर : *(चीखकर)* हाँ, पागल हो गया हूँ *(पियानो जैसे मारने के लिए उठाकर)* सीधे से दे दो वरना...*(खींचकर फेंकता है।)*

[बाजोरिया भयभीत होकर उछल जाता है, पियानो अलग जा गिरता है।]

बाजोरिया : आप पागल...*(दरवाजे की ओर भागता है, दिवाकर भी।)*

दिवाकर : *(और चीखकर)* हाँ, मैं पागल हूँ *(भागता है, चीखता हुआ)* मेरे कागज दे दो, मैं आवाज नहीं बेचूँगा...*(नेपथ्य में मोटर के फाटक बन्द होने की आवाज और कार स्टार्ट होने की आवाज)*

[पर्दा गिरता है।]

सुरेन्द्र वर्मा

सुरेन्द्र वर्मा समकालीन हिन्दी नाटक के चर्चित हस्ताक्षर हैं। आधुनिक जीवन जगत् की समस्याओं को वर्मा जी ने अपने नाटक एवं एकांकियों में अत्यन्त सजीवता से अंकित किया है।

7 सितम्बर सन् 1941 में जन्मे सुरेन्द्र वर्मा ने एम.ए. तक शिक्षा प्राप्त की। प्राचीन तथा मध्यकालीन भारतीय इतिहास और संस्कृति, रंगमंच और अन्तर्राष्ट्रीय सिनेमा में उनकी गहरी दिलचस्पी है। इनके नाटकों का फलक इतना व्यापक है कि वह समकालीन व्यक्ति और उसके समूचे समाज को समेट लेता है। इनके नाटक और एकांकियों में संस्कृत भाषा और साहित्य के गहरे अध्ययन का रचनात्मक इस्तेमाल देखने को मिलता है। सम्भवतः हिन्दी में यह कौशल जयशंकर प्रसाद और मोहन राकेश के बाद इतनी कुशलता से यहीं व्यक्त हुआ है।

रचनाएँ

नाटक–'तीन नाटक', 'सूर्य की अन्तिम किरण से सूर्य की पहली किरण', 'आठवाँ सर्ग', 'छोटे सैयद बड़े सैयद', 'एक दूनी एक', 'कैद-ए-हयात', 'शकुन्तला की अँगूठी'।

एकांकी संग्रह–'नींद क्यों रात भर नहीं आती'।

कहानी संग्रह–'प्यार की बातें', 'कितना सुन्दर जोड़ा'।

व्यंग्य संग्रह–'जहाँ वारिस न हो'।

उपन्यास–'अँधेरे सपेरे', 'मुझे चाँद चाहिए'।

'शकुंतला की अँगूठी' नाटक कालजयी अभिज्ञान शाकुंतल की समकालीन पुनर्व्याख्या है। प्रस्तुत नाटक में एक ओर आज के मशीनी, विध्वंसक तनाव के बीच उन पुराने शान्त समरस जीवन-मूल्यों का संधान तथा सन्निधि है और दूसरी ओर आज की यथार्थपरक मंचन शैली के माध्यम से संघर्षविहीन प्राचीन नाट्य दृष्टि का पुनर्निर्माण। संवेदना, जीवन दोष, स्त्री-पुरुष सम्बन्ध और बोली जानेवाली भाषा–'शकुंतला की अंगूठी' में पुनअर्न्वेषण एवं पुनर्व्याख्या की बहुस्तरीय प्रक्रिया

चलती है। प्रस्तुत नाटक के 'सम्भव' नई दिल्ली एवं भारत भवन रंगमंडल. भोपाल द्वारा सफल प्रदर्शन हो चुका है।

'आठवें सर्ग' और 'सूर्य की अन्तिम किरण से सूर्य की पहली किरण तक' में सुरेन्द्र वर्मा ने संस्कृतनिष्ठ हिन्दी का प्रयोग किया है तो समकालीन दृश्यबन्ध वाले द्रौपदी एवं शकुंलता की अंगूठी में बोलचाल की सरल हिन्दी ली है और मध्यवर्गीय इतिहास के परिपार्श्व वाले 'छोटे सैयद बड़े सैयद' फारसीनिष्ठ उर्दू शैली का व्यवहार किया है।

उनका एकांकी संग्रह 'नींद क्यों रात भर नहीं आती' में संकलित एकांकियों में स्त्री-पुरुष सम्बन्धों को एक नए धरातल पर परखा गया है। इन एकांकियों के यथार्थवादी शिल्प में काव्यात्मक भाषा ने इन सम्बन्धों को जिन सूक्ष्म बिम्बों में पिरोया है, उससे इनके एकांकी शौक़िया मंडलियों में लोकप्रिय रहे हैं। 'शनिवार के दो बजे', 'वे नाक से बोलते हैं', 'हरी घास पर घण्टे भर', 'मरणोपरांत', 'नींद क्यों रात भर नहीं आती' इसी प्रकार के एकांकी हैं।

एकांकी का सार : 'हरी घास पर घण्टे भर'

लेखक ने 'हरी घास पर घण्टे भर' एकांकी में जीवन की स्थितियों का तुलनात्मक प्रस्तुतीकरण बड़ी सूक्ष्मता से किया है। एक युवक-युवती जिनके जीवन में उत्साह है, उल्लास है और परस्पर सहायता करने की इच्छा है, वे छोटी-छोटी बातों पर बातचीत करते हैं तथा मिलकर निर्णय लेते हैं। उनकी बातों में कोई गाम्भीर्य नहीं, कोई गहरी चिन्ता नहीं। उनके समानान्तर एक वृद्ध और वृद्धाएँ जिनकी चिन्ताएँ बिल्कुल दूसरी तरह की हैं। अगर उन्हें कहीं से निमन्त्रण मिलता है तो वे सफर की तकलीफों की चिन्ता करते हैं। वे अपनी बीमारियों की बात करते हैं। उनके बीच प्रेम का गहरा अनुबन्ध है तभी तो वृद्धा की कामना है कि वह वृद्ध के कन्धे पर अर्थी पर चढ़े। यह उसकी अन्तिम लालसा है जो परम्परागत पत्नी की होती है जबकि युवक-युवती के बीच इस तरह भावनात्मक तन्मयता नहीं है। वे एक-दूसरे से बातें भी करते हैं तो उनमें जल्दबाजी होती है तथा प्रेम की गहराई की जगह मिलन की उद्दामता मिलती है। यह एकांकी दो प्रकार के जीवन-मूल्यों के चित्र प्रस्तुत करता है।

हरी घास पर घण्टे भर

•

सुरेन्द्र वर्मा

पात्र–परिचय

वृद्ध	वृद्धा
अधेड़ पुरुष	अधेड़ स्त्री
युवक	युवती
फेरीवाला	

[स्थान-समय पार्क का एक कोना। शाम।]

[प्रकाश उभरता है। तीनों दम्पति अलग-अलग हैं। जब एक युग्म संवादलीन होगा, तब अन्य दोनों जोड़े बातचीत का मूकाभिनय (माइम) करते रहेंगे।]

युवक : *(बीच के व्यवधान की ओर संकेत सहित, हल्की मुस्कान से)* इतनी दूर...? मैं दिल्ली में बैठा हूँ और तुम... त्रिचनापल्ली में!

[युवती सलज्ज स्मित से कुछ निकट खिसक आती है। विराम। युवक प्रेम विभोर दृष्टि से युवती को देख रहा है। युवती एकाध बार उसकी तरफ देखकर नीचे देखती रहती है।]

युवक : *(युवती के कन्धे पर हाथ रख)* अपनी माँ को चिट्ठी लिख दी?

युवती : *(मृदु स्वर में)* हाँ।

युवक : क्या लिखा?

युवती : यही कि...घर नया-नया सजाना है, इसलिए समय नहीं मिल पाता। तुम चिन्ता बिल्कुल मत करना। मैं यहाँ अच्छी तरह हूँ और बहुत-बहुत खुश हूँ।

युवक : झूठ!

[युवती स्नेहयुक्त प्रश्नसूचक दृष्टि से देखती है।]

युवक : लिखा होगा—मैं चौबीसों घण्टे रोती रहती हूँ। तुम लोगों ने किसके साथ मुझे बाँध दिया? मेरी तो जिन्दगी ही चौपट हो गई।

युवती : छिः...शर्म तो नहीं आती!

[युवक प्रेम-विह्वल हो युवती को देखता है। उसका एक हाथ थाम लेता है, दबाता है, होंठों से छुआने को होता है।]

युवती : क्या करते हो? कोई देख लेगा।

[हल्के से हाथ छुड़ा लेती है। युवक खोज-भरी दृष्टि से इधर-उधर देखता है।]

युवक : *(इशारे के साथ)* उस तरफ निकल चलें?

युवती : *(नर्मी से)* कितनी जगहें बदलोगे? कोई-न-कोई तो होगा ही वहाँ भी।

युवक : *(दोनों जोड़ों को देखता है। ठंडी साँस लेकर)* बस, यही तो मुसीबत है यहाँ। जहाँ जाओ वहाँ...जालिम जमाना!

[युवती हँसती है। युवक एक सिगरेट सुलगाता है। दो-तीन छल्ले बनाता है। अगले संवाद के दौरान दोनों में भावभीनी चपलता है।]

युवक : आज क्या किया दिन-भर?

युवती : बताऊँ?

युवक : बताइए।

युवती : साढ़े नौ बजे किसी के ऑफिस जाने के बाद कमरे का फर्श धोया।

युवक : किसके ऑफिस जाने के बाद?

युवती : है कोई।

युवक : अच्छा...फिर?

युवती : फिर कमरे में फ्लिट की बौछार की। कुछ कपड़े सर्फ में

भीगे पड़े थे, उन्हें धोकर सूखने डाला। नाश्ते के बर्तन धोये। खिड़कियों के काँच साफ किए। फिर नहायी। फिर नीचे उतरकर बाजार के दो-तीन जरूरी काम किए।

युवक : कौन-से?

युवती : लांड्री से किसी की कमीजें उठाईं। विम का डिब्बा लिया। सब्जी खरीदी।

युवक : इसके बाद?

युवती : वापस आए। फिर मशीन निकाली, कपड़ा काटा और दो पर्दों की सिलाई की। तब तक डेढ़ बज चुका था। इसलिए सोचा कि अब तक ऑफिस में लंच-टाइम हो चुका होगा और किसी ने खाना खा लिया होगा।

युवक : किसने?

युवती : *(कुछ प्रगल्भ हो)* है कोई...आप किसी की प्राइवेट बातों में दखल क्यों देते हैं?

युवक : *(क्षण-भर के लिए युवती के कान पकड़कर)* माफ कीजिए। गलती हो गई...आगे?

युवती : *(मुस्कान दबाकर)* रात के खाने के दो पराँठे बचे हुए थे। उन्हें गर्म कर लिया और अचार के साथ...

युवक : *(कुछ आवेश से)* बस, तुम्हारी यही बात है, जो मुझे बिल्कुल...

युवती : मजे से खा लिया। फिर एक गिलास ठंडा-ठंडा पानी...

युवक : पसन्द नहीं। बचे हुए खाने की कूड़े के डिब्बे के अलावा...

[युवक अपनी बात कहने का प्रयत्न करता है, लेकिन युवती चंचलतापूर्वक उसे ऐसा अवसर नहीं देती।]

युवती : इत्मीनान से पी लिया। फिर विविध भारती लगाकर फिल्मफेयर के पन्ने पलटते हुए थोड़ी देर...

युवक : और कोई जगह नहीं।

युवती : बिस्तर पे आराम किया। फिर नीचेवाली मिसेज खन्ना आ गईं कहने कि अगर कोई जरूरत हो, तो बतलाइएगा। बेकार तकल्लुफ मत कीजिएगा। हमने कहा कि बेशक, आपसे नहीं कहेंगे, तो किससे कहेंगे भला? यहाँ और कौन है ऐसा, जिसके पास जाकर...

•

अधेड़ स्त्री : लिस्ट में चाय का डिब्बा भूल गई मैं।

अधेड़ पुरुष : अभी जाएँगे, तो ले लेंगे।

स्त्री : पिछली बार आधा किलो अरहर की दाल खराब निकली थी, गलती ही नहीं थी। उसके पैसे कटवा लेना।

पुरुष : कहूँगा...रखी है अभी?

स्त्री : हाँ।

[क्षणिक विराम]

स्त्री : बीमे की किस्त भेज दी?

पुरुष : हूँ।

स्त्री : बिजली का बिल भी आ गया है आज।

पुरुष : कितने का है?

स्त्री : पन्द्रह रुपए चालीस पैसे।

पुरुष : कुछ ज्यादा है इस बार...नहीं?

स्त्री : छुट्टियाँ थीं, इसलिए दोनों पंखे चलते रहे। *(कुछ रुककर)* कल से प्रेस भी खराब पड़ा है।

पुरुष : क्यों? क्या हुआ?

स्त्री : पता नहीं। गर्म ही नहीं होता...सबेरे प्रकाश की कमीज पर बाहर से इस्तरी करवाई। कल आशा की साड़ी पे भी।

पुरुष : क्वायल जल गया होगा।

स्त्री : ठीक करवा लो, वरना बाहर दस पैसे कपड़ा देकर कहाँ तक...

[विराम]

पुरुष : अभी जाकर दिखवा लूँगा। सुनो।

स्त्री : हूँ।

पुरुष : कुछ दिनों से मैं एक बात सोच रहा हूँ।

स्त्री : क्या?

पुरुष : ये घर काफी दूर पड़ जाता है। दफ्तर पहुँचने में घंटा भर तो लगता ही है, अक्सर बस भी एक बार बदलनी पड़ती है। अगर उसी तरफ कोई जगह मिल जाए, तो वक़्त भी बचेगा और तीन लोगों का बस का खर्च भी

स्त्री : उस तरफ कहाँ?

पुरुष : पहाड़गंज के आसपास कहीं...रज्जू तो अब हॉस्टल में रहेगा, इसलिए अगर दो छोटे-छोटे कमरे भी मिल जाएँ, तो काम चल जाएगा।

स्त्री : कितने तक हो सकता है ये?

पुरुष : यही कोई डेढ़ सौ के इर्द-गिर्द।

स्त्री : *(कुछ ठहरकर, विचारपूर्ण स्वर में)* हाँ, फायदा तो हर तरह से है।

पुरुष : तो पता करूँ?

[स्त्री स्वीकृति में सिर हिलाती है।]

●

वृद्ध : *(इधर-उधर देखते हुए)* दो रोज पहले मीटिंग हुई थी यहाँ। उसी के पोस्टर व झंडियाँ हर सिम्त लगी हैं।

वृद्धा : वही जलूस, जब पिंकी की छुट्टी हुई थी?

वृद्ध : हाँ।

वृद्धा : वो तो...बहू बता रही थी कि गौरमेंट के लिए था।

वृद्ध : हाँ, गवर्मेण्ट की तरफ से, गवर्मेण्ट के लिए।

वृद्धा : हुआ क्या था तब यहाँ?

वृद्ध : *(एक कान पर हाथ रखकर)* क्या?

वृद्धा : *(कुछ जोर से)* हुआ क्या था तब यहाँ?

वृद्ध : वही, जो हर बार होता है, तकरीरें, खयाली-बयानी।

[क्षणिक विराम]

वृद्धा : बहू कह रही थी ऐसा कोई कानून बननेवाला है, जिससे मकान किराएदारों के ही हो जाएँगे।

[वृद्ध मुस्कराकर रह जाता है।]

वृद्धा : *(आत्मलीन-सी)* मैंने अच्छा किया, जो बहू की बात मानकर इन्दिरा गाँधी को वोट दिया। तुम भी चले जाते, तो...

वृद्ध : *(गहरी साँस लेकर)* आलम पसे मर्गे मा चे दरिया चे सराब...

वृद्धा : *(सचेत होकर)* ये निगोड़ी फारसी में क्या बोले?

वृद्ध : किसी शायर का मिसरा है...कि हमारे मरने के बाद दुनिया में चाहे समुन्दर रहे, चाहे रेगिस्तान।

[नेपथ्य से 'ताजी मूँमफली! गरमागरम मूँमफली!' का स्वर। फेरीवाले लड़के का प्रवेश।]

लड़का : पन्द्रह पैसे की एक पुड़िया! ताजी मूँमफली! गरमागरम मूँमफली!

[वृद्ध-वृद्धा के सामने ठिठकता है।]

वृद्ध : नहीं चाहिए, भई। जब दाँत ही नहीं हैं तो...

[लड़का पुकार लगाते हुए स्त्री-पुरुष के सामने रुकता है।]

लड़का : निकालूँ एक पुड़िया, साब?

[क्षणिक विराम]

युवक : *(संकेत सहित)* शीऽऽ...अरे भई मूँगफली!

लड़का : आया साब!

[लपककर निकट आता है। युवक दो पुड़िया लेता है। पैसे देता है। अगले संवाद के बीच पुकार लगाने के मूकाभिनय के साथ लड़के का प्रस्थान।]

●

युवती : *(एक दाना मुँह में डालकर)* आज दिन-भर तुमने क्या किया?

युवक : *(उसी प्रकार)* बताऊँ?

युवती : हूँ।

युवक : किसी से टा-टा करने के बाद सवा दस बजे ऑफिस पहुँचा।

युवती : किससे टाटा करने के बाद?

युवक : है कोई।

युवती : अच्छा फिर?

युवक : रजिस्टर में हाजिरी लगाई गई। दो-तीन साथियों से हैलो-हैलो की। फिर अपनी मेज पर आकर बैठा। सोलह कस्टमर्स के बिल तीन महीने से पड़े हुए थे, उनके नान रिमाइंडर टाइप करवाए और मैनेजर से सिग्नेचर करवा के डिस्पैच किए। कंट्रेक्टर ने पिछले हफ्ते का रॉ-मैटीरियल सब-स्टैंडर्ड सप्लाई कर दिया था, इसलिए उसका एडवांस रोकने का नोटिस निकलवाया। अगले शनिवार को

रिडक्शन सेल होनी है, इसलिए इश्तिहार का मैटर तैयार करवा के चार अखबारों में भिजवाया। फिर झपटकर एक सिगरेट मुँह में दबाई और जैसे ही जलाने को हुआ, तो...

[स्निग्ध दृष्टि से युवती को देखता है।]

युवती : *(मुस्कान सहित)* तो?

युवक : तो याद आया कि किसी ने दिन भर में बस, दस की पाबंदी लगा दी है।

युवती : किसने?

युवक : है कोई...आप किसी की प्राइवेट बातों में दखल क्यों देती हैं?

युवती : *(हँसी के साथ)* भूल हो गई...आगे?

युवक : पाँच मिनट बाद सिर में कुछ दर्द महसूस हुआ और थोड़ा टेंप्रेचर...*(युवती तत्क्षण युवक का हाथ छूकर देखती है)* तो ऐस्प्रो की दो गोलियाँ मँगवाईं और हाफ सेट चाय का ऑर्डर देते-देते रुक गया, क्योंकि किसी ने फिजूलखर्ची से बचने की ताकीद की है।

युवती : *(किंचित आवेश से)* बस, तुम्हारी यही एक बात है, जो मुझे बिल्कुल...

युवक : मजे से गोली निगलने के बाद एक गिलास ठंडा-ठंडा पानी...

युवती : तबीयत बड़ी है या पैसा? तुम्हें मेरी कसम, जो...

युवक : गटागट पी लिया। फिर पंखे को पूरी स्पीड पर चलाकर...

युवती : आगे फिर कभी ऐसा किया। तुम हो, तो मेरे लिए सबकुछ है...*(पल्लू का छोर आँखें से छुआती है।)*

युवक : ओफ्फो मधु, मैं तो हँसी कर रहा था।

युवती : *(तरल स्वर में)* हाँ ऽ किसी की जान जाए, तुम्हारी हँसी है।

युवक : अरे भई मैं तो...

युवती : *(दूसरी ओर मुड़ते हुए)* मुझसे बात करने की जरूरत नहीं है...मुझे बोलना ही नहीं किसी से—बस!

[परवर्ती दृश्य के बीच युवक युवती को मनाता रहता है। और अंततोगत्वा सफल हो जाता है।]

•

स्त्री : चलो, रज्जू का दाखिला तो हो गया। मैं तो चिन्ता के मारे...

पुरुष : हो तो गया। पर आई.आई.टी. का बोझ उठाना कुछ मामूली बात नहीं है। फिर साथ में तीनों और बच्चों की पढ़ाई।

स्त्री : सो तो है।

पुरुष : और मुश्किल ये है कि सभी ऊँचे क्लासों में आते जाएँगे। रज्जू का तो खैर पाँच साल का सिलसिला हो ही गया। अगले साल आशा बी.ए. पास कर लेगी। फिर त्योरस प्रकाश हायर सैकेंड्री कर लेगा और गुड्डी जूनियर से सीनियर स्कूल में आ जाएगी।

स्त्री : और इनके साथ हारी-बीमारी, नाते-रिश्तेदारी...सभी कुछ तो लगा है।

पुरुष : *(लम्बी साँस लेकर)* हाँ, रज्जू की माँ!...बड़े कठिन हैं ये पाँच-छह साल!

[विराम]

स्त्री : सुनो!

पुरुष : हूँ।

स्त्री : अगले साल आशा की कुछ नौकरी-वौकरी न हो जाए? ...अब तो सभी लड़कियाँ करने लगी हैं।

पुरुष : *(तनिक ठहरकर, विचारपूर्ण स्वर में)* हाँ, करने तो लगी हैं।

स्त्री : थोड़ा सहारा हो जाएगा। फिर अभी ब्याह की कोई भी जल्दी नहीं है—अठारहवाँ ही तो लगा है...पर बात ये है कि करेगी क्या?...मौसी की रश्मी तो किसी स्कूल में पढ़ाती है न?

पुरुष : लेकिन उसके लिए ट्रेंड होना चाहिए। यानी एक साल फिर बीएड में लगेगा और यहाँ तो एडमिशन ही होना बड़ा मुश्किल है।

स्त्री : तो? किसी दफ्तर-अफ्तर में...?

पुरुष : हाँ। ऑफिस-कीपिंग, टाइप व शार्टहैंड के कोर्स होते

हैं—तीनेक महीने के। शाम को भी क्लासें होती हैं उनकी। नौकरी भी जल्दी ही मिल जाती है।

स्त्री : *(कुछ रुककर, थोड़ी हिचकिचाहट से)* बस, यही लगता है कि सयानी लड़की का अकेले आना-जाना।

पुरुष : तो क्या किया जाए, रज्जू की माँ! मन पक्का करना ही पड़ेगा...थोड़ा तजुर्बा हो जाए उसे, तो आगे चलकर मेरे ऑफिस में भी गुंजाइश हो सकती है।

●

वृद्धा : *(एक ओर संकेत सहित)* हाय राम, देखो तो...कैसे कपड़े पहने है वो लड़की!

वृद्ध : *(एक नजर देखकर)* क्यों?...तुम्हारी लाड़ली जैसे ही तो हैं!

वृद्धा : रहने दो इतनी बेहयाई के कपड़े नहीं पहनती डॉली।

वृद्ध : यानी इससे कुछ कम बेहयाई के तो पहनती है!

वृद्धा : जमाना बदल गया है अब।

वृद्ध : वो तो जाहिर है। तुम्हारी बहू ही उस रोज क्या कहते हैं, उसे, बैल-बॉटम चढ़ाए हुए थी।

वृद्धा : वो तो डॉली ने भेंट किया था—अपनी माँ के जन्मदिन पर। उसने जिद की, तो बहू बेचारी को पहनना पड़ा।

वृद्ध : ठीक है अब तुम भी ले लेना यही भेंट—अपने जन्मदिन पर।

वृद्धा : तुम तो बेकार...*(रुक जाती है। विराम)* तुम्हारी डॉली से अब बात नहीं होती कुछ?

वृद्ध : *(फीकी मुस्कान से)* उसे फुरसत ही कहाँ होती है। मेरे पास बैठने की? ...अभी तो कायनात खुल रही है उसके सामने परत-दर-परत...

वृद्धा : वो तो कह रही थी कि दादा जी मुझसे कुछ नाराज हैं—बोलते नहीं।

वृद्ध : मैं न किसी से नाराज हूँ, न खुश। अब तो बस, खामोश हैं और...तमाशाए-अहले-जहाँ देखते हैं।

वृद्धा : *(अपनी ही धुन में)* पिंटू भी कह रहा था कि अब मुझसे बात...

वृद्ध : *(कुछ चिढ़कर)* क्या बात करूँ?...बित्ते-भर की वो मिन्नी-मिन्नी स्कर्ट पहनने पर डॉली को मुबारकबाद दूँ? या कि पिंटू की हौसला अफजाई करूँ कि शाब्बास! तात्या टोपे जैसी कानों तक की कलम रखकर आप बड़े...

वृद्धा : *(धीमे स्वर में)* जब बेटा और वह कुछ नहीं कहते, तो...

वृद्ध : *(थोड़ी तेजी से)* मैंने कुछ कहा...? जिसको जो पसन्द हो, वो करे! मैंने सब अनसुना कर दिया। सब नजरअन्दाज कर दिया...मैं वहाँ हूँ जहाँ से मुझको भी, कुछ अपनी खबर नहीं आती।

वृद्धा : पर अपना ही ख़ून है। एक ही घर में रहते हुए...

वृद्ध : हाँ, बिल्कुल है। बचपन की यही डॉली थी, जो शबो-रोज मेरे सीने पे गरेबाँ की तरह रहती थी, लेकिन अब उसका तौर-तरीका फर्क है, जो मुझे पसन्द नहीं। वो अपनी खू (आदत) न छोड़ेंगे, हम अपनी वजा (स्वभाव) क्यों छोड़ें?...वो अपनी चहल-पहल में खुश, हम अपनी तनहाई में मुत्मइन—बस, मुझे छेड़ो मत...हूँ सरापा साजे आहँगे (रागिनी)—शिकायत। कुछ न पूछ, है यही बेहतर कि लोगों में न छेड़े तू मुझे!

•

युवक : लाओ, तुम्हारा हाथ देखूँ।

युवती : तुम्हें हाथ देखना आता है?

युवक : *(मुस्कान सहित)* और नहीं तो क्या मसखरी कर रहा हूँ? मैंने ज्योतिष विद्या का पार्ट टाइम कोर्स किया है।

युवती : *(हँसती है)* अच्छा मुझे नहीं पता था।

[युवक युवती का हाथ पकड़ता है।]

युवती : *(आसपास संकेत कर चंचलतापूर्वक)* जालिम जमाना...

युवक : *(लापरवाही से)* ऊँह...बलराज एंड कम्पनी के बैंड के साथ ब्याह कर लाया हूँ। हाँ, अगर भगाकर लाया होता, तो...

युवती : धत्...

[युवक मुस्कान दबाते हुए, गम्भीर रहने के असफल प्रयत्न के साथ युवती की हथेली देखता है।]

युवती : कुछ बताओ न!

युवक : यह रही जन्म की रेखा।

युवती : *(कृत्रिम आश्चर्य से)* अच्छा!

युवक : *(होठों-ही-होठों में कुछ बुदबुदाता है)* इसके हिसाब से तुम्हारी पैदायश पंजाब की होनी चाहिए।

युवती : *(मुस्कराती है)* बिल्कुल ठीक है।

युवक : और यह है जिन्दगी की लकीर।

युवती : यानी मैं अभी जिन्दा हूँ।

युवक : *(मुस्करा पड़ता है, पर फिर गम्भीर हो जाता है)* वैसे बचपन में तुम किसी हादसे से बाल-बाल बची हो।

युवती : *(गद्गद हो)* सचमुच...आपने तो बिल्कुल सही बतलाया।

युवक : *(रोब से)* हम बहुत पहुँचे हुए ज्योतिषी हैं, बच्चा!

युवती : *(खाँसकर)* लेकिन बाई द वे, ये मेरा दायाँ हाथ है।

युवक : *(क्षण-भर को हतप्रभ हो जाता है। फिर बायाँ हाथ थामते हुए, सँभलकर)* पामिस्ट्री की नई थ्योरी के मुताबिक दोनों हाथ पकड़े जाते हैं—अगर लड़की खूबसूरत हो तो *(युवती झेंपी-सी मुस्कराती है!)*...ये सहेली-लाइन है। इसके हिसाब से तुम्हारी बहुत पुरानी और पक्की सहेली होनी चाहिए एक...शायद उसका नाम बी से हो,...यू.पी. में कहीं रहती है। *(खाँसकर)* और ये रही सन्तान की लकीर।

युवती : धत्...*(हाथ छुड़ा लेती है।)*

•

पुरुष : *(मुस्कान सहित)* ऑफिस में कई लोगों ने मुबारकबाद दी आकर—रज्जू के लिए।

स्त्री : *(प्रफुल्लित-सी)* अच्छा?

पुरुष : कहा, बड़ा होनहार है।

स्त्री : दया है भगवान की।

पुरुष : *(ठंडी साँस लेकर)* मैं तो कुछ नहीं कर सका, लेकिन...

स्त्री : क्यों नहीं कर सके? ऐसी भरी-पूरी गिरस्ती चला रहे हो, और क्या करता है आदमी।

पुरुष : ये तो खैर, कहने की बातें हैं। लेकिन ये सन्तोष है मन में कि लड़का जरूर बड़ा आदमी बनेगा।

स्त्री : वैसे प्रकाश भी होशियार है पढ़ाई में।

पुरुष : साइंस में अच्छा रहा, तो उसे भी किसी टेक्नीकल लाइन में ही डालेंगे

स्त्री : *(कुछ ठहरकर, भेद भरे स्वर में)* एक बात बताऊँ?

पुरुष : क्या?

स्त्री : रज्जू मन-ही-मन बहुत इज्जत करता है तुम्हारी। *(पुरुष अत्यन्त उत्सुक हो, प्रश्नसूचक दृष्टि से देखता है)* अभी एक दिन कह रहा था, बाबू मुझे जैसे पढ़ा रहे हैं, मैं जानता हूँ। भगवान ने मुझे किसी लायक बनाया, तो उम्र भर उनकी सेवा करूँगा।

[विराम]

पुरुष : *(गद्गद होकर)* पगला है!

•

वृद्धा : लीला की चिट्ठी आई है।

वृद्ध : *(कान पर हाथ रख)* क्या?

वृद्धा : *(कुछ जोर से)* चिट्ठी आई है लीला की।

वृद्ध : अच्छा।

वृद्धा : लिखा है अगले महीने की चौबीस को मंजू की सगाई है। पिता जी व अम्मा जरूर आएँ।

वृद्ध : *(मुस्कराता है)* मैं—और इस उम्र में कलकत्ते जाऊँगा... इत्तिफाके सफर उफ्ताद व पीरी गालिब, ऊँचे अज पाये नयामद ज असामी आयद!

वृद्धा : क्या कहा?

वृद्ध : बुढ़ापे में सफर का इत्तिफाक हुआ। जो पैर से न हो सका, ओ लाठी से होता है।

वृद्धा : तो क्या करोगे? नहीं जाओगे?

वृद्ध : किशोर ने चिट्ठी देख ली? जो वो ठीक समझेंगे, करेंगे, पिंटू को भेज देंगे। न होगा तो खुद चले जाएँगे...असायेपीर ब जाये पीर! *(वृद्धा की प्रश्नसूचक दृष्टि देखकर)* बूढ़े की लकड़ी बूढ़े की नुमाइंदगी करती है।

वृद्धा : *(तनिक सोचकर)* ठीक है। तो फिर मैं भी नहीं जाऊँगी।

वृद्ध : *(स्नेह से वृद्धा की ओर देखता है। कुछ ठहरकर, बदले हुए स्वर में)* लाजवंती!

वृद्धा : *(सिर का पल्ला ठीक कर लेती है)* हूँ।

वृद्ध : चालीसेक साल तो हुए होंगे अपनी शादी को? कुम्भ ही पड़ा था न उस बरस।

वृद्धा : *(कुछ खोये-से स्वर में)* हाँ।

[विराम]

वृद्ध : *(गहरी साँस लेकर)* मैं तो तुम्हें कोई सुख नहीं दे सका। सारी जिन्दगी तुम्हारी चूल्हे-चौके में ही चली गई।

वृद्धा : *(नरमी से)* कैसी बातें करते हो...मैं तो अपने को बहुत अच्छे नसीब वाली समझती हूँ और क्या चाहिए किसी को? लिहाज करनेवाले बेटा-बहू हैं, लड़की अपनी गिरस्ती में मगन है, सिर पर तुम्हारा हाथ है।

वृद्ध : *(आजिजी से)* तुम्हारी तरफ से बेफिक्र हूँ, इसीलिए ये जिन्दगी और भी बोझ मालूम देती है...बस, अब तो उठा ले भगवान!

वृद्धा : छिः-छिः कभी शुभ भी बोला करो। मेरी तो ये मनौती है कि जब मेरी अर्थी उठे, तब तुम कन्धा लगाओ।

वृद्ध : *(हल्की मुस्कान से)* तुम्हें तो डॉली का ब्याह देखना है, पिंटू का बच्चा खिलाना है, तो बाबा मुझे क्यों घसीटती हो अपने साथ?

•

युवक : मधु, एक बात तो बताना भूल ही गया।

युवती : क्या?

युवक : आज मैंने इंश्योरेंस के कागजों पे सिग्नेचर कर दिए हैं... पता है, अब क्या कीमत है मेरी? *(युवती प्रश्नसूचक दृष्टि से देखती है)* दस हजार।

युवती : *(स्नेहसिक्त उपालंभ से)* छिः...*(युवक का हाथ थामकर उससे सट जाती है।)* बहुत बेशकीमती हो तुम!

युवक : *(भावविभोर होकर कुछ क्षण उसे देखता रहता है। विराम। कोमल स्वर में)* भल्ला का फोन आया था आज। अगले हफ्ते सिलेंडर मिल जाएगा।

युवती : चलो, सहूलियत हो जाएगी। *(विराम)* एक बात कहूँ?

युवक : *(युवती के माथे पर बिखरी एक लट सँवारते हुए)* तो कहिए, जनाब!

युवती : क्या हम जगह नहीं बदल सकते?...एक कमरा अकेले आदमी के लिए तो ठीक है, लेकिन...।

युवक : *(तनिक ठहरकर)* दरअसल ये बात खुद मेरे दिमाग में थी। पर इतनी जल्दी सबकुछ हुआ कि बन्दोबस्त हो नहीं पाया।

युवती : वैसे हम लोगों के लिए कोई बात नहीं, पर कोई आए-जाए, तो...

युवक : नहीं-नहीं, ले लेंगे जल्दी ही...दो कमरे, किचन, बाथरूम, एट्रेंस अलग से—ठीक?

[युवती हामी से सिर हिलाती है। नेपथ्य से 'इवनिंग न्यूज। इवनिंग न्यूज!' चिल्लाते हुए फेरी वाले लड़के का प्रवेश।]

लड़का : *(पुकारकर)* इवनिंग न्यूज...शाम की ताजा खबर...टैक्सी ड्राइवर ने मुसाफिर को छुरा घोंप दिया!

[युवक संकेत से लड़के को बुलाता है और सिक्का देकर समाचार पत्र लेता है। कुछ क्षणों देखता है, जिनके बीच लड़के का पुकार लगाते हुए प्रस्थान।]

युवक : *(कलाई की घड़ी देखकर)* अभी टाइम है...पिक्चर देखेंगे प्लाजा में।

युवती : *(कुछ दुर्बल स्वर में)* परसों ही तो देखी थी एक।

युवक : अरे यार, तो क्या डॉक्टर ने मना किया है कि आल्टरने डेज पे फिल्म नहीं देख सकते?

युवती : घर पहुँचते-पहुँचते दस बज जाते हैं। खाने में फिर कम-से-कम...

युवक : खाना भी बाहर ही खा लेंगे *(मुस्कराकर)* अभी तो महीने का पहला हफ्ता है। *(तत्क्षण खड़ा हो जाता है।)* ना मत करो, दोस्त। बस, मूड हो गया। एकदम...आ जाओ अब।

[हाथ बढ़ाता है। युवती हल्की मुस्कान से उसकी ओर देखती है, फिर पर्स लेकर उसके हाथ के सहारे उठ खड़ी होती है। दोनों का हाथ में हाथ डाले प्रस्थान। स्त्री-पुरुष ने तिरछी निगाह से इन दोनों को देखा है।]

•

स्त्री : नई-नई शादी है।

पुरुष : हूँ।

[विराम]

स्त्री : क्या बजा है?

पुरुष : *(घड़ी देखकर)* सवा छह।

स्त्री : चलें? बच्चे आने को होंगे रैली से। फिर अभी पंसारी के यहाँ भी थोड़ी देर लगेगी।

पुरुष : चलो।

[दोनों का प्रस्थान]

•

वृद्धा : डॉक्टर ने क्या कहा?

वृद्ध : चीनी ट्रेसेज में ही रह गई है। डायबिटीज थोड़ा काबू में आ जाएगा।

वृद्धा : चलो, अच्छी बात है।

वृद्ध : पर लगता है, ये चश्मा बेकार हो गया अब। हर्फ पहचानने तक में मुश्किल होती है...तुम्हारा घुटनों का दर्द कैसा है अब?

वृद्धा : ठीक नहीं। दो दिन से ठंडी हवा चल रही है, सो उभर आया है।

वृद्ध : अब की सर्दियों में तुम्हारा मोतियाबिन्द का ऑपरेशन करा लें? तब तक तो पूरा उतर आएगा।

वृद्धा : हाँ। किशोर भी कह रहे थे।

वृद्ध : *(आसपास देखता है)* मेरा दायाँ कान तो बेकार था ही, अब बाएँ से भी धीमी बात सुनाई नहीं देती।

[छड़ी के सहारे सँभल-सँभलकर उठने लगता है।]

वृद्धा : *(उठकर सहारा देते हुए)* मुझे दूर की चीज दिखाई नहीं देती ठीक से। यह तो मालूम हो जाता है कि कोई है, पर कौन है, यह पहचान में नहीं आता।

[दोनों धीरे-धीरे चलने लगते हैं।]

वृद्ध : ब्लडप्रेशर का क्या हाल है?

वृद्धा : तीन-चार दिन से तो ठीक है...तुम्हारा दाँतों का सेट कब मिलेगा?

वृद्ध : कल शाम के लिए कहा है। *(गहरी साँस लेकर)* जिन्दगी बर गर्दनम उफ्ताद बे दिल चारा नीस्त, चार बायद जेस्तन नाचार बायद जीस्तन।

वृद्धा : क्या?

वृद्ध : जिन्दगी मेरे लिए बोझ बन गई है। कोई रास्ता नहीं। *(दोनों मंच छोड़ने लगते हैं।)* चाहे खुशी से हो चाहे मजबूरी से—इसे बिताना ही होगा।

[अंधकार]

जगदीशचन्द्र माथुर

जगदीशचन्द्र माथुर का जन्म 16 जुलाई 1917, खुर्जा, बुलन्दशहर (उ.प्र.) में हुआ। प्रारम्भिक शिक्षा खुर्जा में हुई। उच्च शिक्षा युइंग क्रिश्चियन कॉलेज, इलाहाबाद और प्रयाग विश्वविद्यालय में हुई। प्रयाग विश्वविद्यालय का शैक्षिक वातावरण और प्रयाग के साहित्यिक संस्कार रचनाकार के व्यक्तित्व निर्माण में महत्त्वपूर्ण भूमिका है। 1939 ई. में प्रयाग विश्वविद्यालय से एम.ए. (अंग्रेजी) करने के बाद 1941 ई. में 'इण्डियन सिविल सर्विस' में चुन लिए गये।

अपनी प्रतिभा के बल पर अल्प परिमाण के कृतित्व से प्रचुर परिमाण में ख्याति प्राप्त करने वाले एकांकीकारों में जगदीश चन्द्र माथुर का शीर्षस्थ स्थान है। पूर्वाग्रह से मुक्त होने के कारण इन्होंने पाश्चात्य नाटककारों का प्रभाव ग्रहण तो किया है, परन्तु किसी का अनुगामी बन कर नहीं। नित्य-नूतन प्रयोग करने में ही इनकी विशेष आस्था रही है। प्रारम्भ में द्विजेन्द्र लाल राय की उत्तेजनात्मक संवेदनशील शैली से माथुर जी अत्यधिक प्रभावित रहे और बाद में शेक्सपियर, जेम्स बेरी, मेटरलिंक का भी प्रभाव इन पर पड़ता रहा, परन्तु इन्होंने किसी भी प्रकार की सीमा का बन्धन स्वीकार नहीं किया है।

माथुर जी के प्रारम्भिक एकांकी 'मूर्खेश्वर राजा', 'लवकुश' और 'शिवाजी' हैं, जो क्रमशः 'बालसखा' और 'सेवा' पत्रिकाओं में प्रकाशित हुए थे। एकांकी संग्रहों के रूप में 'भोर का तारा' और 'वो मेरे सपने' प्रकाशित हुए हैं, जिनमें क्रमशः पाँच-पाँच एकांकी–'भोर का तारा', 'रीढ़ की हड्डी', 'कलिंग विजय', 'मकड़ी का जाला' और 'खण्डहर' तथा 'घोंसले', 'खिड़की की राह', 'कबूतरखाना', 'भाषण' और 'ओ मेरे सपने'–संकलित हैं। इलाहाबाद विश्वविद्यालय के 'म्गेर होस्टल' के रंगमंच पर अभिनीत 'मेरी बाँसुरी' (1936 ई.) से उनके एकांकीकार के व्यक्तित्व-निर्माण का प्रारम्भ हुआ है। बाद के एकांकी 'शारदीया' और 'बन्दी' क्रमशः 'कल्पना' और 'संकेत' में प्रकाशित हुए हैं। विषय की दृष्टि से माथुर जी के समस्त एकांकी–ऐतिहासिक (शारदीया, कोणार्क), सामाजिक (खण्डहर, रीढ़

की हड्डी), सांस्कृतिक (कलिंग विजय, भोर का तारा), मनोवैज्ञानिक (मकड़ी का जाला) और व्यंग्य या प्रहसन (कबूतरखाना, घोंसले, खिड़की की राह)—वर्गों में विभाजित किये जा सकते हैं।

'कोणार्क' के अतिरिक्त प्रायः माथुर जी के समस्त एकांकियों में आधुनिक सामाजिक परिवेश का अंकन हुआ है। उन्होंने मध्यवर्गीय सामाजिक जीवन की विकृतियों पर तीव्र व्यंग्य करते हुए उसका अतिरंजित चित्रण किया है और इस प्रकार आधुनिक जीवन को अभिव्यक्त करने में वे सफल सिद्ध हुए हैं। उन्होंने प्रायः कथानक की ऋजुता को ग्रहण किया है और वक्रता से दूर रहने के कारण उनके एकांकियों के कथानकों में न तो अनावश्यक विस्तार है और न शैथिल्य। किसी एक मार्मिक घटना को लेकर प्रारम्भ, नाटकीय घटना विकास, उसकी चरम परिणति एवं अन्त का निर्माण इस प्रकार करने में, कि दर्शक या श्रोता में निरन्तर जिज्ञासा और कौतूहल उत्पन्न होता रहे और अन्त में वह चमत्कृत हो जाय, माथुर जी अत्यन्त पटु हैं। आधुनिक वातावरण का अंकन करने से उनके कथोपकथन छोटे-छोटे, प्रवाहपूर्ण और गतियुक्त हैं, जो सजीव, व्यावहारिक और रंगमंच के सर्वथा उपयुक्त हैं।

माथुर जी का वैशिष्ट्य उनका कवि हृदय है, जो उनके अधिकांश पात्रों में भी परिलक्षित होता है। यद्यपि उनके पात्र यथार्थवादी धरातल पर निर्मित हुए हैं तथा उनका एक अतिरंजनापूर्ण स्वरूप भी है और इसी स्वरूप में काव्यात्मकता का समावेश हुआ है। इस प्रकार की अलंकृत शैली और काव्यात्मक प्रयोगों पर पाश्चात्य नाटककारों में मेटरलिंक और बेरी का स्पष्ट प्रभाव है, जो समय के साथ निरन्तर कम होता गया है। यद्यपि माथुर जी के अधिकांश एकांकी एकदृश्योय ही हैं, परन्तु उनमें भी संकलन-त्रय की योजना के निर्वाह का कोई विशेष आग्रह नहीं है। 'बन्दी' जैसे तीन दृश्यों से युक्त एकांकी में स्थान और कार्य-संकलन का निर्वाह तो है, परन्तु उसमें काल-निर्वाह नहीं है। एकांकी में संगीत के प्रयोग के प्रति उनकी दृढ़ आस्था है और रंगमंच को स्थायित्व प्रदान कराने के लिए वे अत्यावश्यक मानते हैं और इसीलिए रंगमंचीय संकेतों के अन्तर्गत वायलिन तथा सितार की ध्वनियों का उपयोग करने के लिए उन्होंने बल दिया है। रंगमंचीय व्यवस्था को दृढ़ बनाने हेतु वैज्ञानिक प्रसाधनों के प्रयोग के पक्षपाती होने से वे रंग-संकेतों का उल्लेख करते हुए प्रकाश आदि का भी उचित निर्देश कर देते हैं। एकांकी को अत्यधिक प्रभावशाली बनाने के लिए उनके प्रति वे विशेष सतर्क एवं जागरूक रहते हैं। यद्यपि ऐतिहासिक स्तर पर उन्होंने केवल 'कोणार्क' की रचना की है, तथापि उसके माध्यम से उनका भारतीय संस्कृति का परिज्ञान स्पष्टतः

परिलक्षित होता है। नाटकीय टेकनीक और रंगमंच की दृष्टि से 'कोणार्क' एक सफल रचना तो है ही, साथ ही अतीत की गौरवपूर्ण और प्रदर्शित करते हुए राज्यों की भाग्य विधायिनी जनशक्ति का इसके माध्यम से जो चित्रण हुआ है, वह आज के सामाजिक जीवन के लिए भी उपादेय है।

भाषा प्रयोग के प्रति भी माथुर जी अत्यन्त सतर्क एवं सचेष्ट रहे हैं। उनके संवादों में लम्बे-लम्बे उबा देने वाले उद्धरणों का सर्वथा अभाव है। आधुनिक जीवन के परिवेश से ही कथावस्तु ग्रहण करने के कारण पात्रानुकूल भाषा-प्रयोग करने में उन्हें काफी सफलता मिलती है। भाषा में अंग्रेजी शब्दों और वाक्यों के साथ प्रान्तीय शब्दों का प्रयोग करते हुए वे नहीं हिचकते। यद्यपि अलंकृत शैली में काव्यात्मक भाषा का प्रयोग भी यत्र-तत्र मिल जाता है, परन्तु वे न तो अत्यधिक लम्बे हैं और न ही कथोपकथनों को बोझिल बनाने वाले, प्रत्युत् उससे संलापों की चारुता में वृद्धि ही हो जाती है।

14 मई 1978 को देहावसान।

एकांकी का सार : 'कलिंग-विजय'

जगदीशचन्द्र माथुर के एकांकी ऐतिहासिक पृष्ठभूमि पर अवस्थित होकर भी वर्तमान सन्दर्भों से जुड़ते हैं। इसके माध्यम से वह स्त्री की छुई-मुई वाली छवि को तोड़कर उसे प्रगतिशीलता का तेवर देते हैं।

जैसा कि हम सब जानते हैं कि सम्राट अशोक भीषण नरसंहार कर कलिंग की धरती को जीत लेता है, परन्तु अपने इस कुकृत्य को देखकर वह दुःख, विषाद और विराग से भर जाता है। उसके भीतर की इस व्यथा को बढ़ाने का कारण बनती है—कलिंग की राजकुमारी। वह अशोक की जीत को व्यर्थताबोध में बदल देती है।

राजकुमारी अशोक से कहती है, "सम्राट्, आपकी जीत में ही सबसे बड़ी हार है। आपने कलिंग की धरती को जीता है, उसकी आत्मा को नहीं।" साथ ही, वह अशोक को बोध करवाती है कि एक लाख से ऊपर निर्दोष मनुष्यों के रक्त से कलिंग की भूमि सनी पड़ी है। राजकुमारी युद्ध को ऐसे पिशाच की संज्ञा देती है जो इस सुन्दर पृथ्वी को नष्ट करने पर तुला हुआ है। "युद्ध का पिशाच, नरहत्या का पिशाच।" वह अशोक के हृदय में युद्ध के प्रति विरक्ति का भाव जगा देती है। वह विश्व में सुख-शान्ति तथा अहिंसा की स्थापना के लिए बौद्ध धर्म की शरण में जाने की प्रेरणा देती है। वह अशोक को नाश से निर्माण की ओर जाने का मार्ग सुझाती है। वह अशोक को रचनात्मक कार्यों

की ओर प्रेरित करती है। प्रस्तुत एकांकी में वह गायिका के रूप में आती है और अपने गीत के द्वारा सत्य को प्रकट करती है। गीत का इस एकांकी में सफल एवं सार्थक प्रयोग हुआ है।

प्रस्तुत एकांकी में स्त्री की रचनात्मक सामाजिक भूमिका को उभारा गया है। साथ ही, स्त्री का एक अन्य रूप भी सामने आया है, महत्त्वाकांक्षी और विध्वन्सात्मक वह है 'रेखा'। सम्राट् रेखा से अत्यधिक प्रेम करता है, परन्तु उसकी महत्त्वाकांक्षा सम्पूर्ण भारतवर्ष की सम्राज्ञी बनने की है। सम्भवतः इसी कारण वह सम्राट् अशोक को कलिंग युद्ध के लिए उकसाती है। रेखा की दासी नन्दिनी गायिका को बताती है कि सम्राट् को बढ़ावा देने वाली एक शक्ति है—कुमारी रेखा के बचनों की शक्ति, नारी-शक्ति। यह ऐसी नारी-शक्ति है जो जन-साधारण को हीन समझती है—"साधारण मनुष्य जिनमें कोई अपनापन नहीं, शक्ति नहीं, वे क्या समझें उच्च आकांक्षा किसे कहते हैं?" अर्थात स्त्री का यह वह रूप है तो शक्ति-सत्ता को महत्त्व देता है और संसार को विनाश की तरफ धकेलता है। इसलिए उसकी भूमिका तो है, परन्तु विध्वन्सात्मक है, जिसे एकांकीकार अस्वीकार करता है। तात्पर्य यह कि स्त्री की भूमिका रेखा वाली नहीं राजकुमारी वाली है। ध्वन्सात्मक नहीं, रचनात्मक नहीं। सारतः जगदीशचन्द्र माथुर तुलनात्मक रूप से स्त्री के दोनों रूप प्रस्तुत करते हैं और उसकी सामाजिक रचनात्मक भूमिका को स्थापित करते हैं। यहाँ स्त्री को परम्परागत सौन्दर्यपरक भूमिका कर्म सौन्दर्य में ढल गयी है।

कलिंग-विजय

•

जगदीशचन्द्र माथुर

पात्र–परिचय

अशोक : सम्राट्
रेखा : महामात्य राधागुप्त की पुत्री एवं अशोक की प्रेयसी
नन्दिनी : रेखा की दासी
गायिका : कलिंग की राजकुमारी

•

स्थान : कलिंग की राजधानी में एक भवन
समय : 261 ई. पूर्व–कलिंग विजय के दूसरे दिन की संध्या

[भवन अच्छी तरह सजा हुआ है। एक बड़ी-सी चौकी दीवार से लगी हुई रखी है, उस पर सुन्दर कालीन और तोशक रखे हुए हैं। पीछे की ओर खिड़की है। मूढ़े के ऊपर कई उपादान रखे हुए हैं। इधर-उधर धूपदान रखे हैं और एक तिपाई पर दीपक जल रहा है।

नन्दिनी सब वस्तुएँ सजा कर ठीक रखने में लीन है। बीच-बीच में गायिका से बातें करती जा रही है। गायिका उत्सुकता से प्रश्नों की झड़ी लगा रही है।]

गायिका : तो सम्राट् अभी यहीं आयेंगे?
नन्दिनी : हाँ।
गायिका : मैं उनसे नहीं मिल सकती?

नन्दिनी : गायिकाओं के लिए स्थान नियत है।

गायिका : कहाँ?

नन्दिनी : बराबर वाले कक्ष में। तुम्हें वहीं बैठ कर गाना होगा।

गायिका : और सम्राट् यहाँ बैठकर सुनेंगे। बड़ी अनहोनी-सी बात है। संगीत में केवल स्वर ही तो नहीं होता।

नन्दिनी : संगीत के स्वर में ही सबकुछ हो सकता है। तुम्हारी कला की परख तो इसी में होगी।

गायिका : तो आज कुमारी रेखा सम्राट् को कलिंग-विजय पर बधाई देंगी?

नन्दिनी : और फिर यह तैयारी किस लिए? धनुष आज तीर को बधाई देगा। यह सम्राट् की विजय नहीं, कुमारी रेखा की विजय है।

गायिका : यह कैसी पहेली है? सम्राट् प्रधानमन्त्री के सिवाय और किसकी सलाह लेते हैं?

नन्दिनी : गायिका, तुम अधिक जानना चाहती हो? यह पाटलिपुत्र के राजमहल की बातें हैं, तुम नहीं समझ सकोगी।

गायिका : तो क्या कलिंग-विजय प्रधानमन्त्री की सलाह से नहीं हुई है?

नन्दिनी : कलिंग-विजय क्या, सम्राट् के सभी युद्धों, उनकी सारी योजनाओं में प्रधानमन्त्री राधागुप्त की पुत्री कुमारी रेखा का हाथ है, समझीं?

गायिका : राज-कुटुम्ब की हत्याओं में भी?

नन्दिनी : हाँ, अब कौन है जो अशोक से पाटलिपुत्र की गद्‌दी छीन सके? राह के सभी काँटे तो दूर हो गये। शत्रु-सामन्त मौत के घाट उतार दिये गये। एक भाई सुशीम तक्षशिला में पड़े हैं। और दूसरे वीतशोक को देश-निकाला है। यह सब क्या प्रधानमन्त्री की सलाह से ही हुआ है?

गायिका : तो?

नन्दिनी : सम्राट् को बढ़ावा देने वाली केवल एक शक्ति है...कुमारी रेखा के वचनों की शक्ति, नारी-शक्ति।

गायिका : यह कैसी नारी-शक्ति, जिसके कारण मानव-रक्त बहे?

नन्दिनी : रक्त? हँ हँ हँ ***(गम्भीर होकर)*** गायिका, कुमारी रेखा की

आँखों में एक दूसरा रक्त है, आकांक्षा का रक्त, सारे भारतवर्ष की महारानी बनने का रक्त—*(रुक जाती है, बाहर पदचाप)* यह लो, सम्राट् और कुमारी आ पहुँचे। तुम जाओ! *(इशारा करती हुई)* इस कक्ष में बैठो। वीणा लाई हो?

गायिका : मैं वैसे ही गाती हूँ।

नन्दिनी : अच्छा तो बैठो। जब मैं कहूँ, तब गाना आरम्भ कर देना, अपने उसी सुरीले ढंग में।

[गायिका का बायीं ओर प्रस्थान। नन्दिनी एक तरफ खड़ी हो जाती है। सम्राट् और रेखा दाहिनी ओर आते हैं। नन्दिनी का झुककर प्रस्थान।]

अशोक : और रेखा, जानती हो उसके अन्तिम शब्द क्या थे? उसके अन्ति शब्द थे—'चण्डाशोक, एक दिन तुम अपने शत्रुओं के ही दास बनोगे।'

रेखा : इतनी हिम्मत?

अशोक : दूसरे क्षण उसका मस्तक मेरे पैरों पर लोट रहा था, लेकिन कितने भयानक शब्द थे वे—सूने मसान की तरह भयानक।

रेखा : पानी के बुलबुले की तरह क्षणिक। छिः सम्राट्। गिरती हुई दीवार भी घोर शब्द करती है, पर उसके बाद रहता क्या है—मिट्टी का ढेर।

अशोक : मिट्टी का ढेर—*(मन्द स्वर में)*...उपेन्द्र...मिट्टी का ढेर...

रेखा : और फिर उपेन्द्र के शब्दों का अब अर्थ ही क्या है, सम्राट्? आपका शत्रु है ही कौन जिसके आप दास हो सकें?

अशोक : *(मानो जाग कर)* ठीक कहा रेखा तुमने। मेरा अब शत्रु है ही कौन? गांधार से लेकर केरल तक, कामाख्या से सौराष्ट्र तक, सारा भारतवर्ष आज चण्डाशोक से काँपता है। आँख की किरकिरी की तरह खटकने वाला कलिंग भी अब मेरी हथेली में है।

रेखा : तो उपेन्द्र के सारे सम्बन्धी नष्ट हो गये, सम्राट्?

अशोक : हाँ *(बैठते हुए)* सिवा उसकी बहन के। कलिंग की राजकुमारी अभी तक अशोक की नज़र से परे है। *(हँसता है)*

सुना है, वह तो कभी की बौद्ध भिक्षुणी हो गयी।

रेखा : वह शत्रु-कन्या है, सम्राट्! उसके भाई के अन्तिम शब्दों के अनुसार आप उसके दास हो सकते हैं।

अशोक : ठहरो।

रेखा : ठहरूँ?

अशोक : तुम्हारे सुख में मेरा सुख है, तुम्हारे आनन्द में मेरा आनन्द है पर...आज न जाने क्यों मेरे हृदय में कोहरा-सा छाया हुआ है? रह-रह कर उपेन्द्र के अन्तिम शब्द कानों में गूँज उठते हैं, रह-रह कर उन सहस्त्रों क़ैदियों का चित्र मेरी आँखों के सामने खिंच जाता है, रह-रह कर वीतशोक के निर्वासन का दृश्य याद आ जाता है। कह नहीं सकता क्यों अनमना हो रहा हूँ?...रेखा! मैं अपने आपको भूलने आया हूँ, रात्रि के अंचल में अपनी मलिनता खोने।...कोई गायिका नहीं है?

नन्दिनी : जी, वह तो आप ही आ गयी।

रेखा : उससे कहो कि सम्राट् उसका गाना सुनेंगे।

(नन्दिनी का बायीं ओर प्रस्थान)

अशोक : और सुनो! ***(नन्दिनी रुक जाती है)*** उससे कहो कि ऐसे गीत गाये जो हृदय को गुदगुदा दें—प्यार का राग—नये बसन्त की कोयल का राग।

(नन्दिनी जाती है)

[दायें नेपथ्य से अत्यन्त सुरीले स्वर में गाना।]

गीत—अमल, तरल, मधुर, चपल, प्यार का सुराग री।
सजल, पवन, परस, विपट, मर्मर ध्वनि जाग री।
पुलक रोम, पलक चपल, गतिमय कल गात-गात।
नवल सरित-युवति चली, सजल शिला पात-पात।
पिघल पिघल हिमगिरी उर, बहता बन बाग़ री।
अमल, तरल, मधुर, चपल, प्यार का सुराग री।

[अशोक विभोर होकर सुनता है। गीत सहसा बन्द हो जाता है।]

अशोक : ***(मानो स्वप्न से जाग कर)*** कितना सुन्दर है, कितना मधुर, 'अमल, तरल, मधुर, चपल, प्यार का सुराग री!' रेखा!

इसके गायन में तो प्रभात के पक्षियों की-सी नीरवता है, नूपुर की-सी चंचल ध्वनि! कुछ भी हो, उसके गाने में तल्लीनता है, विभोर हृदय की झंकार! एक बात सोचता हूँ मैं। इस गायिका के आनन्दित स्वर के पीछे सच ही एक ऐसा हृदय है—जो हर्ष से फूला न समाता हो? क्या उषा और संध्या की किरणों को छूकर जो चिड़ियाँ बरबस गा उठती हैं, वे सभी सुखी हैं? कौन जाने रेखा, उसके इस सुहावने गीत के नीचे एक जर्जर और पीड़ित हृदय छिपा हो?...कौन जाने?

[पुनः नेपथ्य से गाने का स्वर। प्रत्येक पद के बाद स्वर रुक जाता है। इस बार स्वर में एक हल्की वेदना है मानो बीते करुण अनुभव की कहानी सुना रही हो।]

गीत—सुना मेरी वंशी वह तान!
करुण उस गाथा के सोपान।
वसन्ती वैभव का विस्तार, सुना, कैसे सागर के पार,
सरस फूलों का सुन्दर देश, भ्रमर जिनका नृप अतुल उदार,
सुरभि सुमनों की उसकी प्राण।
सुना मेरी वंशी वह तान!

(गीत रुकता है)

अशोक : रेखा—स्वर बदल गया है। तुम सुन रही हो।

(रेखा, चुप, फिर गीत चलता है)

गीत—भ्रमर का सुनकर मधुर निनाद, गन्ध का पा मधुमय सन्देश
पवन की चंचल लहरी एक, पार कर अनजाने से देश।
खोजती पहुँची उस उद्यान।
सुना मेरी वंशी वह तान!

(गीत रुकता है)

अशोक : यह तो कहानी-सी जान पड़ती है।

रेखा : मुझे मालूम था कि यह गायिका चतुर है।

अशोक : और सुनें।

(गीत पुनः)

गीत—भ्रमर का देखा उसने रूप; भ्रमर का देखा सुन्दर वेश।
कहा! प्रिय चलो हमारे साथ और जीतो तुम देश-विदेश।

करो नव सुमनों का रस-पान,
सुना मेरी वंशी वह तान!

(फिर गीत रुकता है)

अशोक : उसके बाद?

(हाथ पर ठोढ़ी रखकर बैठता है)

रेखा : लेकिन सम्राट्, यह गीत तो बड़ा अटपटा-सा जान पड़ता है।

अशोक : उसके बाद?

(गीत पुनः चल निकलता है–स्वर में तीव्रता)

गीत–अरे, क्या था कोई अभिशाप, अरे क्या मायाविनी
का जाल
कि जो आकांक्षा का बन दास, शान्ति सुन्दरता का
बन काल
भ्रमर ने विश्व विजय ली ठान।
सुना...?

अशोक : फिर क्या हुआ?

रेखा : आप तो ऐसे सुन रहे हैं जैसे आकाशवाणी हो।

अशोक : सुनो रेखा, निश्चय ही इसमें कुछ भेद है।

रेखा : *(चौंक कर)* क्या?

(गीत फिर आरम्भ हो जाता है)

गीत–ध्वन्स करता फूलों के पंख, छेदता कलियों के लघु गात
मसलता किंशुक पीत पराग, करोड़ों जीवों पर आघात
रुधिर से लाल चला नादान।
सुना...!

अशोक : ओह?

रेखा : मैं उसे बन्द करती हूँ। नन्दिनी...।

अशोक : ठहरो!

रेखा : नन्दिनी।

(गायिका का प्रवेश)

रेखा : कौन तुम गायिका? मेरी आज्ञा के विरुद्ध।

(गायिका आगे बढ़ रही है)

अशोक : ठहरो, रेखा।

रेखा : नन्दिनी, नन्दिनी...

[गायिका अशोक को लक्ष्य करके गान आरम्भ कर देती है, कुछ अर्थ भरे स्वर में।]

गीत–कहाँ वह मधुर मधुरमय राग? कहाँ वह यौवन वारि विलास?

कहाँ उषा रंजित मधुहास? एक बस अभिलाषा की प्यास।

बने हो पुष्पराज पाषाण!

सुना मेरी वंशी वह तान!

(नन्दिनी का प्रवेश)

रेखा : ***(अत्यन्त क्रोध में)*** नन्दिनी! यह मेरी आज्ञा के बिना यहाँ कैसे आयी?

(नन्दिनी उसकी ओर बढ़ती है)

गायिका : मैं नहीं जा सकती। मैं सम्राट् से बातें करूँगी...

रेखा : इतना साहस?

(उठना चाहती है, अशोक रोकते हैं)

अशोक : ठहरो, रेखा ***(नन्दिनी से)*** नन्दिनी, उसे छोड़ दो! ***(नन्दिनी छोड़ कर जाती है। गायिका से)*** गायिका! कौन हो तुम?... सच बताओ, मेरी हत्या करने भेजी गयी हो क्या तुम?... तो भूलती हो। ***(छाती में से कटार निकाल कर)*** देखती हो यह कटार?

(खड़ा हो जाता है)

गायिका : सम्राट् मेरी गर्दन आपके सामने है। ***(झुका कर)*** आप वार कर सकते हैं। जहाँ रक्त का सागर आपने बहाया, वहाँ एक बूँद और बहाने से न चूकिए।

अशोक : ***(बैठ जाता है)*** तो क्या तुम्हारे गीत का निर्दय फूलों का राजा–भ्रमर मैं ही हूँ?

गायिका : मेरा गीत तो कहानी है, सम्राट्! आपका जीवन कठोर सत्य है।

अशोक : कठोर सत्य?...गायिका, तुम जानती हो, किससे बातें कर रही हो?

गायिका : जानती क्यों नहीं?...मैं बात कर रही हूँ पाटलिपुत्र के

राजा से—जो कल ही एक लाख निर्दोष मनुष्यों का रक्त बहा कर भारतवर्ष का सम्राट् हुआ है।

रेखा : क्या?

गायिका : कुमारी, युद्ध क्षेत्र में अब भी सैकड़ों मनुष्य तड़फड़ा रहे हैं; अब भी अधमरे घायलों की कराहों से आकाश गूँज रहा है।...सुना आपने सम्राट्!

रेखा : पागल हो क्या, गायिका?

गायिका : मेरे साथ चलिए! आपको दिखाऊँगी, मृत्यु का ताण्डव नृत्य। आपका हृदय है, उसमें रक्त है। वैसा ही रक्त और वैसे ही सहस्रों हृदय धूल में सने पड़े हैं। सच बताइए, सम्राट्! क्या यही आपकी विजय है?

अशोक : मेरी विजय?

गायिका : सम्राट् कलिंग की राजधानी उजड़ी पड़ी है। कलिंग का हरा-भरा देश वीरान पड़ा है। सच बताइए—क्या यह आपकी विजय है?

अशोक : मेरी विजय!!

गायिका : और सुनिए सम्राट्, एक लाख से ऊपर युवकों की लाशें मैदान में पड़ी हैं। सहस्रों आपके बन्दी-गृह में सड़ रहे हैं। और जो बचे हैं, उनकी आत्माएँ झुलस चुकी हैं—मर चुकी हैं। बताइए, इसी में आपकी विजय है?

रेखा : बौद्धों की दुर्बल नीति किसी और को समझाना, गायिका। सम्राट् को परामर्श देना तुम्हारा काम नहीं है।

अशोक : कहे जाओ, गायिका। अशोक की आँखें खुल रही हैं।

रेखा : यह क्या कह रहे हैं, सम्राट्, यह तुच्छ भिखारिनी की बातों में पड़ कर?

गायिका : सम्राट्, आपकी जीत ही में आपकी सबसे भारी हार है। आपने कलिंग की धरती को जीता है, उसकी आत्मा को नहीं।

रेखा : आत्मा को जीतना ऋषियों का काम है। जिसके पास भुजबल है, वह मर सकते हैं और मार भी।

गायिका : भुजबल? सम्राट् ने किस भुजबल का प्रयोग किया था? उन हजारों सैनिकों का ही तो, जिन्हें आप पाटलिपुत्र से लाये थे। उनसे पूछिए, क्या इस हत्या को वे जी से चाहते हैं?

रेखा : चाहना और सोचना सैनिकों का कर्तव्य नहीं है। उनका तो कर्तव्य है—मरना और मारना।

गायिका : एक बात रह गयी—कुमारी!...भूल जाना! भूल जाना कि शत्रु के भी एक-एक नन्हा-सा प्यारा गाँव है, स्वप्न-सी मधुर स्त्री, गुलाब-सा कोमल बच्चा है...लेकिन, सम्राट्! आपके सैनिकों के भी तो हृदय में प्यार है। धनुष खींचते समय क्या वह प्यार उमड़ेगा नहीं? अपने शत्रु पर हाथ चलाते समय क्या उसका हृदय दुःखेगा नहीं? कितना भयानक विचार है यह।

अशोक : ***(अत्यन्त करुण स्वर में)*** मेरा दिल तो नहीं दुःखता, गायिका।

रेखा : आपको हो क्या गया है? यह दुर्बलता एक सम्राट् को शोभा नहीं देती।

गायिका : कुमारी, क्या सम्राट् मनुष्य नहीं होते?

रेखा : मनुष्यता के माने कायरता नहीं है। अशोक साहसी हैं—वीर हैं।

अशोक : रेखा, मैं साहसी हूँ—इसीलिए मेरा दिल दूसरों के लिए न दुःखेगा?

रेखा : सम्राट्?

गायिका : दुःखेगा क्यों नहीं सम्राट्, आपका दिल भी दुःखेगा। हिमालय के पाषाण-हृदय में से शीतल नदियाँ यह निकलती हैं।

रेखा : गायिका! मैं जानना चाहती हूँ कि तुम किस अधिकार से आर्यावर्त के सम्राट् को उपदेश देने आयी हो?

गायिका : अधिकार? मेरा तो वही मनुष्यता का अधिकार है। मेरा तो वही एक सन्देश है।

रेखा : क्या?

गायिका : ***(प्रत्येक शब्द पर जोर देते हुए)*** मनुष्य दूसरों को मारने के लिए पैदा नहीं हुआ, दूसरों के लिए जीने के हेतु पैदा हुआ है!

अशोक : ***(थोड़ी देर सब के चुप रहने के बाद)*** सुनती हो, रेखा... ***(मन्द स्वर में)*** मैं तो अब तक अपने लिए जीता रहा, बिल्कुल अपने लिए।

रेखा : जो अपने लिए जी सकते हैं, वही दूसरों का पालन कर सकते हैं।

गायिका : तुम भूल रही हो, कुमारी। जो अपने लिए जीते हैं, वे दूसरों का पालन नहीं कर सकते—केवल दूसरों की दया के पात्र हो सकते हैं।

अशोक : दया?

गायिका : हाँ सम्राट्, आप दया-पात्र हैं, एक भिखारी से भी ज्यादा! जानते हैं क्यों? क्योंकि आपको कोई प्यार नहीं करता। आप अकेले हैं।

रेखा : बस, गायिका—मूर्खता की भी कोई सीमा होती है और सहनशीलता की भी।

अशोक : ***(अपने आप दुहराता हुआ)*** मुझे कोई प्यार नहीं करता, मैं अकेला हूँ? क्या यह सच है, गायिका?

गायिका : बिल्कुल सच, आपको कौन प्यार करता है? आप तो आकांक्षा के पुजारी हैं, पतझड़ के पेड़ की तरह अकेले, पत्ते भी जिनका साथ नहीं देते।

रेखा : हँ...हँ...हँ...हँ...। कैसी विचित्र बात है। भारतवर्ष के सम्राट् अकेले हैं...उन्हें कोई प्यार नहीं करता?...हँ...हँ...हँ...। कैसी अनोखी बात है? हँ...हँ...***(सहसा गम्भीर होकर)*** लेकिन उनकी करोड़ों प्रजा क्या मर गयी है?

गायिका : प्रजा? उन्हें प्यार नहीं करती, उनसे डरती है।

अशोक : ***(स्वप्न से)*** प्रजा...मुझसे...डरती है।

रेखा : ***(गायिका की ओर कदम बढ़ा कर)*** और उनके विश्वस्त मन्त्री और सेनापति?

गायिका : जो केवल आज्ञा मानना और सलाह देना जाते हैं, वे अशोक को प्यार करेंगे?

अशोक : ***(करुण स्वर में)*** रेखा।

रेखा : ***(जो अब गायिका के ठीक पीछे पहुँच गयी है, उसे घूरते हुए)*** और...और...और...मैं?

गायिका : तुम।

रेखा : हाँ मैं! उद्दण्ड नारी! बताओ—क्या मैं भी सम्राट् को प्यार नहीं करती? बताओ...बताओ?

अशोक : रेखा, रेखा, मैं तो तुम्हें प्यार करता हूँ, मैं तो तुम्हें प्यार करता हूँ।

गायिका : लेकिन सम्राट्, कुमारी रेखा आपको प्यार नहीं करती।

अशोक : क्या?

रेखा : झूठ...झूठ...बिल्कुल झूठ!

(पीछे हट जाती है, मानो धक्का लगा हो)

गायिका : कुमारी रेखा! गुस्सा करना व्यर्थ है। मैं सबकुछ जानती हूँ, सबकुछ!

अशोक : क्या जानती हो तुम, गायिका? रेखा का प्यार मेरी एकमात्र निधि है! उसे तुम मुझसे न छीनो!

रेखा : आप उससे भीख माँग रहे हैं, सम्राट्?

अशोक : मुझे कुछ नहीं सूझ पड़ रहा है, रेखा। जैसे रास्ता भूल गया हूँ।...गायिका...गायिका...बताओ न, क्या जानती हो तुम?

गायिका : तो सुनिए, सम्राट्। मैं जानती हूँ, कुमारी रेखा की केवल एक लालसा है, एक अभिलाषा—भारत की सम्राज्ञी होना और उसके लिए केवल एक साधन है, एक आपके प्रेम की विजय!!

रेखा : सुन रहे हैं, सम्राट् इस पागल औरत का प्रलाप?

अशोक : रेखा...**(उठते हुए)**...रेखा...रेखा! ओह भिक्षुणी। यह तुमने क्या किया? इससे तो अच्छा यही था कि तुम मुझे अपने झूठे स्वप्न में रहने देती।

गायिका : आपका स्वप्न आपको फिर मिल सकता है।

अशोक : वह मेरे प्रेम का स्वप्न था, भिक्षुणी। तुम्हीं ने कहा था—मैं अकेला हूँ। हाँ, मैं अकेला हूँ। अब मेरे प्यार का एकमात्र केन्द्र तुमने छीन लिया। मैं भारतवर्ष का सम्राट् कितना दयनीय हूँ?

गायिका : सम्राट्, इधर देखिए। आज आपके बन्धन टूट गये।

अशोक : प्रेम के बन्धन?

गायिका : नहीं घृणा के बन्धन—लालसा के बन्धन।

अशोक : परन्तु मेरी लालसा अमर है।

गायिका : उसे अमर ही रहने दीजिए। आपकी लालसा अमर रहेगी

तो आपका प्रेम भी अमर रहेगा। आज आपसे संसार इन दोनों की भीख माँगता है।

अशोक : यह क्या कह रही हो, भिक्षुणी?

गायिका : सम्राट्, आपके टूटे हुए स्वप्न के खँडहरों में आज मैं एक नया स्वप्न देख रही हूँ, नये जीवन का स्वप्न, नये उल्लास का, नयी दुनिया का स्वप्न।

अशोक : परन्तु देवी! मेरी दुनिया तो उजड़ चुकी है।

गायिका : वह तो संकीर्ण, स्वार्थूपर्ण दुनिया थी लेकिन एक और भी तो दुनिया है, सम्राट्, उन जगमगाते हुए तारों की, हँसती हुई नदियों की दुनिया!...यह पृथ्वी कितनी सुन्दर है...कितनी सुहावनी, सम्राट्!...लेकिन आज, आज इस मनोरम जगती तल पर एक पिशाच घूम रहा है।

अशोक : पिशाच?

गायिका : हाँ! युद्ध का पिशाच, नरहत्या का पिशाच।...सम्राट्, इस सुन्दर संसार में आज अकेला मनुष्य असुन्दर है, हत्यारा है, अभागा है।

अशोक : ओह भिक्षुणी, इतनी जिम्मेदारी मैं नहीं सह सकूँगा।

गायिका : सम्राट्, इन रक्त की नदियों के पीछे, इस हाहाकार और अत्याचार के उस पार, मैं एक नयी दुनिया का स्वप्न देखती हूँ, कलिंग की उजड़ी हुई धरती में एक नयी सृष्टि।...आप भी देखिए सम्राट्, उस ओर चिताओं के परे, आहों के ऊपर देखिए न!

अशोक : लेकिन, देवी! मेरी लालसा, मेरी अतृप्त आकांक्षा! मैं न देख सकूँगा...नहीं।

गायिका : क्यों नहीं, सम्राट्? आपकी लालसा, आपके अरमान, आपकी शक्ति, आपका प्यार—सब आज से उस अनोखे चित्र का निर्माण करेंगे?...फिर कोशिश कीजिए, क्या आप उस स्वप्न को नहीं देख पाते।

अशोक : मैं कोशिश करूँगा, देवी!

गायिका : मैं देख रही हूँ, सम्राट्। उज्ज्वल प्रभात, भगवान बुद्ध की करुणामयी किरणों से आलोकित प्रभात।...मैं देख रही हूँ भारत-भूमि के कोने-कोने में उनके पावन सन्देश

का प्रचार, आर्यावर्त के हर एक नगर में शिलालेख और स्तम्भ, और...और मैं देख रही हूँ सदियों बाद, संसार के हृदय मन्दिर में अशोक की प्रतिमा...सच्चे धर्म के पुजारी की प्रतिमा...*(रुककर)* मुझे निराश न करेंगे, सम्राट्?

अशोक : *(विस्मित)* देख रहा हूँ, देवी—मैं भी देख रहा हूँ, मेरी आत्मा धुल रही है, मेरा कलंक धुल रहा है। भिक्षुणी...भिक्षुणी। कैसा उज्ज्वल प्रभात है यह!...

(निस्तब्धता)

अशोक : लेकिन, लेकिन...तुमने मुझे नया मार्ग दिखाया—कैसे इस अहसान को चुकाऊँगा?

गायिका : विश्व सेवा के द्वारा।

अशोक : अपनी सेवा का भी अवसर दो, देवी!

गायिका : मेरी सेवा? भिक्षुणी की सेवा? *(मानो याद आयी हो)* हाँ, एक काम है।

अशोक : *(आतुर होकर)* कहो!

गायिका : आप मेरे लिए एक भाई ला दीजिए! ला सकेंगे?

अशोक : *(विस्मित)* भाई?

गायिका : हाँ! भाई...मेरा भीं एक भाई था, परन्तु कल वह आपके कलिंग युद्ध में मारा गया।

अशोक : *(मानो बिजली छू गयी हो)* सच बताओ, तुम कौन हो?

गायिका : थी।...कलिंग की राजकुमारी। अब एक भिक्षुणी हूँ।

अशोक : *(गिर पड़ता है घुटनों पर अपने हाथों से मुँह ढँकता हुआ)* कलिंग की राजकुमारी!... *(रुँधे गले से)* ओह!...मैं तुम्हारे भाई का हत्यारा हूँ? हत्यारा...!

गायिका : नहीं, सम्राट्! आप ही मेरे भाई हैं! *(रुँधे गले से) (अशोक खड़ा होता है)* मेरे भाई!

अशोक : मेरी बहन!

गायिका : कहो, गाकर कहो। जोर से कहो—बुद्धं शरणं गच्छामि, संघं शरणं गच्छामि, धम्मं शरणं गच्छामि!!

अशोक : बुद्धं शरणं गच्छामि, संघं शरणं गच्छामि, धम्मं शरणं गच्छामि!!

(पर्दा गिरता है।)

□□